躬耕课堂：
教育教学的实践研究

杨 丽 著

燕山大学出版社
·秦皇岛·

图书在版编目（CIP）数据

躬耕课堂：教育教学的实践研究／杨丽著. —秦皇岛：燕山大学出版社，2024.4
ISBN 978-7-5761-0679-4

Ⅰ．①躬… Ⅱ．①杨… Ⅲ．①英语课－教学研究－小学－文集 Ⅳ．① G632.312-53

中国国家版本馆 CIP 数据核字（2024）第 086749 号

躬耕课堂：教育教学的实践研究
杨 丽 著

出版人：陈 玉	责任编辑：臧晨露
责任印制：吴 波	封面设计：李 波
出版发行：燕山大学出版社	电 话：0335-8387555
地 址：河北省秦皇岛市河北大街西段 438 号	邮政编码：066004
印 刷：涿州市殷润文化传播有限公司	经 销：全国新华书店

开 本：787mm×1092mm 1/16		印 张：9	
版 次：2024 年 4 月第 1 版		印 次：2024 年 4 月第 1 次印刷	
书 号：ISBN 978-7-5761-0679-4		字 数：150 千字	
定 价：38.00 元			

版权所有 侵权必究
如发生印刷、装订质量问题，读者可与出版社联系调换
联系电话：0335-8387718

序：让教育始终朝向美好

杨丽校长在教育事业的旅途上，走过了30多年的风风雨雨，始终坚守教育初心和教育理想，不断探索，去发现教育的本质。杨丽作为一位优秀的英语教师和一位杰出的小学校长，她的新著《躬耕课堂：教育教学的实践研究》是她教学艺术与管理智慧的结晶。

多年以来，杨丽无论是当教师还是当校长，始终坚持躬耕课堂，探索小学英语教学的改革与创新之路。有一位德国专家说："你们的教科书比我们的教科书厚，你们的题目比我们的题目难，但是你们得买我们的货。"这句话值得我们思考：怎样的教学才是好的教学，怎样的课堂才能培养出拔尖创新型人才？杨校长以自己的教学文化创新，培养学生的创新勇气、激发学生的积极情感。小学英语作业设计、小学英语语言能力培养、小学英语教学中渗透思想政治教育和中华优秀传统文化等的研究与实践，给知识注入生命，用智慧拓展知识，让知识变得鲜活，让英语课堂永葆青春活力，为"什么是好的教学"作出了自己的回答。

教育界流传一种说法：三流的学校靠人治，二流的学校靠制度，一流的学校靠文化。学校管理正在从经验管理、科学管理走向文化管理。校长是高举旗帜的引路人，而不是拿鞭子的监工。校长的职能不在于事必躬亲，事事都要管，而在于以先进的办学理念和正确的价值观凝聚教职工的共识，激发教职工的创造活力，引领学校不断发展。杨校长在多年管理实践中深谙管理的智慧，主张不仅强调"管"、更要强调"理"；不仅重制度、更要重"无为而治"和"人文关怀"，让教师具有归属感和幸福感。

海明威有句名言：优于别人，并不高贵，真正的高贵应该是优于过去的自己。杨校长一路走来，向书本学习，向专家学习，向同行学习，向实践学习；坚持读书学习，实践反思，教育科研，不断超越自己，虽感"超越自我的路，每一步都艰难",但坚信"路虽远行则将至,事虽难做则必成"。杨校长是一位用心做教育的行者,她勇于改革,不断探索教育教学规律,发现适合自己教育理念的最佳行动方案,自觉地去践行教育新理念、新发现、新方法,让教育始终朝向美好。

好的教育能够唤起人们对美好事物的欲求。教师的使命,就是发现美好、呈现美好、体验美好、唤醒美好、朝向美好。让我们一起跟随杨校长的躬耕步伐,朝向美好的教育,走向美好的未来。

是为序。

天津师范大学
2023 年 12 月 24 日

目 录

教学篇

小学英语课堂教学文化创新——谈"互联网+"时代的因材施教 …………… 002
"双减"背景下的小学英语作业设计研究 …………………………………… 008
在英语课堂教学中培养学生的创新勇气 …………………………………… 012
谈教师以正能量激发小学生的积极情感 …………………………………… 016
拆除英语课堂教学的隐形篱栅——小议跨文化意识的培养与语言能力的提高 …… 021
家长评价与课堂教学 ……………………………………………………… 025
冷观热议"英语游戏教学" ………………………………………………… 029
理性盘点高效教学途径——谈小学生英语语言能力的培养 ……………… 034
在小学英语教学中传承优秀传统文化，培养学生核心素养的浅思考 …… 037
润物无声言育德，情境交融话导行 ……………………………………… 041
双语言并进提高 …………………………………………………………… 044
小学英语教学中教具的使用与制作 ……………………………………… 050
小议语音教学 ……………………………………………………………… 055
英语课堂5分钟口语训练分层教学初探 ………………………………… 057

管理篇

谈"无为而治"的校园管理 ………………………………………………… 061
角落里的人文关怀——从管理角度谈"学访收获" ……………………… 063
我眼中的澳大利亚——对比中澳小学教育 ……………………………… 066
新加坡学访感悟 …………………………………………………………… 069
读孙孔懿老师《学校特色论》有感 ……………………………………… 071
读郑杰校长《没有办不好的学校——郑杰教育讲演录》有感 …………… 074

寒假读书体会 ··· 076

基于实践的学校特色精神文化建设策略的研究 ··· 078

《关于加强学生劳动教育的研究》调研报告 ··· 086

镂月成歌扇，裁云作舞衣——谈校长用影响力打造相互悦纳的和谐教育团队 ············ 094

2023生态城精品课展示交流总结会发言 ··· 097

童蒙养正与学科育人 ··· 099

激活校本研修系统，助力教师专业发展 ··· 105

逐光而行，情系"双减"督导之路 ··· 111

案例篇

用智慧"经营"课堂 ··· 115

别告诉妈妈 ··· 118

模块式教学设计模式框架思想——人教版英语教材六年级上册第1单元
第6课教学设计 ··· 123

培养学生创新精神与实践能力的教学设计案例 ··· 126

跨学科主题学习教学设计 ··· 128

后　记 ··· 138

教学篇

小学英语课堂教学文化创新
——谈"互联网+"时代的因材施教

内容摘要：我们生活在一个创新的时代中，人们的生活方式和生活体验因创新发生着深刻变革。探索社会发展新常态下的教学文化创新，自然备受关注和期待。教学文化对学生个体潜能的开发、创造能力的提升、自主性的表达、生命意识的唤醒等方面都有重要作用。教学文化创新在本质上是一种超越，在超越传统教学模式和现实课堂教学以及教师自我发展的障碍的过程中，始终蕴含着"因材施教"的教育精髓。本文重点探讨了在"互联网+"时代，新课改背景下小学英语课堂教学文化创新中教师"因材施教"的路径和方法。

关键词：教学文化；创新；因材施教

小学英语课堂教学文化创新强调学生是课堂的主体，追求服务学生成长中认知领域的整合发展。从远古时期开始至今，"因材施教"一直是教学中一项重要的教学方法和教学原则，具有极其丰富的时代内涵。

一、"因材施教"需要教师以学生为中心定位自身角色

目前，我国正处于教育的"深综改"阶段。我们已经经历了从改变课堂结构到调整教学关系的两轮课改，第三轮课改重点改变了教学的意义，凸显出教师自身角色的定位应是学生学习的发动者。越过传统课堂教学只注重知识目标的障碍，扮演学生学习的发动者，教师不仅要关注课堂教学文化，还要勇于创新，努力为学生营造出一个蕴涵丰富生活气息、人文精神关怀的教学文化空间，为此，"因材施教"至关重要。

1. 教师要把握三个认识

首先教师应该尊重学生、热爱学生、研究学生从而认识学生，了解小学生的特点即好奇心和展示欲强烈；其次教师要认识学习，了解学习是学生的一种经历和体验；最后教师还要认识学习规律，带领学生进入体验活动从而激发兴趣，获得成功的满足，树立学习的信心。

2. 教师要积淀自身素养

作为一名小学英语教师，仅具备专业方面的知识是远远不够的。因为小学英语课堂教学的重点是给每个孩子提供一个学习英语的机会，打下较好的英语语言基础，这包括了学习兴趣、学习品格的培养和正确的学习方法的掌握。教师要有

正确的教育思想，要掌握儿童教育心理方面的知识，要研究和掌握英语教学的一般规律和基本教学原则，熟悉小学英语教学的基本方法，能以教学原则和方法来提高课堂教学的组织能力和实践能力。

3. 教师要担起时代重任

在"互联网+"时代，教师应富有符合时代特点的创新意识和创新能力，同时使学生的创造能力在潜移默化中不断提高。在教学过程中给学生提供大量语言学习的文化背景知识及文化习俗的差异比较，从而加深学生对英语本土国家文化知识的了解，拓宽学习视野，启迪学习智慧。因此，教师在教学过程中，承载着文化传播、道德引领、品格塑造等重任，是课堂教学文化创新的参与者。

二、"因材施教"需要教师以学生为中心开发课程资源

1. 深入了解熟识课程资源

课程资源是指英语教材以及有利于培养学生综合语言运用能力的其他教学材料、支持系统和教学环境等，如直观教具和实物、音像资料、多媒体软件、广播影视节目、网络资源、报纸杂志以及图书馆、班级教学设施和教学环境。此外，还包括人的资源，如学生、教师、家长，他们的生活经历、情感体验和知识结构等都可以成为宝贵的课程资源。

2. 有效开发利用课程资源

课程资源开发也要"因材施教"，超越传统，以服务学生成长为目标，遵循符合学生发展、联系生活实际、形成具体成果的原则。课程资源开发应围绕教材内容、媒体课件、教学板书、学生资源等几方面展开。教材内容基于教学目标，教师结合实际需要创造性地使用教材，活用教材，增加教学内容的真实性和趣味性，调动学生学习的积极性；媒体课件可以帮助教师创设语境、导入话题，还可以利用多种资源丰富语境，帮助学生完成语言学习过程，让学生感知、积累和运用语言；教学板书的呈现帮助教师固化教学内容，提示教学重点，它突出直观性、示范性、引导性，体现了语言学习内容、语言形式、语义内涵、教学方式和思维培养；学生资源的合理开发和利用有助于激发学生的学习兴趣，丰富语言体验的过程。

三、"因材施教"需要教师以学生为中心处理教学内容

1. 合理开发使用教材

照本宣科是"因材施教"的大忌，教师应该摒弃课堂教学"唯教材"的教学观。英语课堂教学文化创新需要教师根据本单元和本课时的教材内容，整合相应的资源，二次开发使用教材，根据本单元和本课时教学主题整合新旧知识，确立本课时教学内容。教师利用文字、图片、声音、影像等手段整合课程资源，创设真实生动的情境，促使大量语言输入语境，呈现教学内容，为语言导入、语言练习、语言使用提供完整语境。

2. 遵循规律设计活动

让学生在充分感知语言的基础上，通过仿读、跟读、自主朗读、角色扮演等方式积累语用经验，从说到写、从整体理解到分步体验语言使用，这些都要依托教材本身和教师二次开发的教材内容为载体，给学生提供语言使用的范本。通过对教学内容的处理，利用多种资源，将信息技术与教学过程融合，创设符合学生年龄特征和生活经验的丰富多彩的学习活动，构建循序渐进的语言学习过程。在巩固和强化语言的基础上完成语言的使用。

四、"因材施教"需要教师以学生为中心设计教学目标

1. 以生为本，细化教学目标

教师确立每课时的教学目标时，一要解读课标，分级定位目标，明确语用指向；二要理解教材，单元整体设计，把握课时重点；三要进行学情分析，依据学生的认知特征、学习基础、学习风格，关注其学习兴趣，细化课时目标，即确定知识目标、能力目标及情感目标。

2. 教学目标服务终身学习

自主和自由学习是"互联网+"时代的显著特征，"因材施教"的教学目标需要教师把握住这个特征，引导帮助学生学会自主学习，为其具备终身学习的能力打下坚实的基础。自主学习包含主动性、独立性和元认知监控三方面的含义，也就是说学生不仅从过去"要我学"转为"我要学"，还要表现出"我能学""我会学"。"我要学"是学生对学习的一种内在需要；"我能学"表现为学习的独立性，是自主学习的核心。"我要学"只是学生有了学习的愿望，能不能学还得看他们是否具备了自主学习的本领，这些本领不是开始就有的，必须经过一段时

间的学习和训练才能获得。这就需要教师通过每单元、每课时的教学内容准确地设计教学目标，使学生在各种活动中逐步培养起来主动学习的能力并受益终身。

3. 创设情境，达成教学目标

教学目标的达成与学生乐于参与的教学情境密不可分。在学习《快乐英语》一年级上册"Numbers"这一单元时，教师利用挂图、简笔画以及音乐和课件创设了几个与学生日常生活息息相关的情境。

情境一：邻居家失火（拨打火警电话）；

情境二：奶奶在家中突发心脏病（拨打急救电话）；

情境三：在回家的路上发现有人盗车（拨打报警电话）；

情境四：在公园与父母走散（拨打父母手机）。

情境活动让学生产生了浓厚的兴趣，激发了他们主动学习的欲望，争先恐后地完成相应的任务，既复习巩固了英语数字的用法，完成了知识目标，同时丰富拓展了语用空间，实现了能力目标，最终树立起安全意识，学会在紧急情况发生时如何帮助别人和自救，从而明白自己学习的责任，很好地达到了预设的情感目标。

4. 动态调整，完善教学目标

教师要用一种动态发展的眼光引导学生学习。从教与学的关系来说，整个教学过程是一个从教到学、从依赖到独立的转化过程。在这个过程中，教师要引导学生不断尝试，体验语言学习的乐趣。教师将教学的内容不断转化为学生的学习能力，在小组、同伴或个人的活动中随着学习能力的由弱到强，培养学生基本甚至完全的独立学习能力。在接近完成和完成教学目标的过程中，关注学生对学习的意识和反应，这是在活动中、在动态中生成的，它有助于教师根据学情不断完善教学目标。

五、"因材施教"需要以学生为中心设计教学活动

1. 诱趣导学，掌握知识

教学活动的设计重在"诱趣"。兴趣对学生学习英语起着积极的推动作用。有了兴趣就有了一个自主学习英语的动机，小学生学习英语的动机一旦被激发，就会以积极主动的态度对待英语学习，即使在遇到困难的情况下，也会因兴趣而

坚持。实际上，学生年龄越小，因趣而学的因素越多，随着年龄的增加，因趣而学的因素就相应少一些，但不能否定兴趣在学习中的作用，毕竟兴趣是最好的老师。如在进行《快乐英语》二年级下册"Weather"单元学习时，教师设计学生喜爱的"Teddy Bear turn around"的活动，使学生兴高采烈地进入活动中，完成语言学习和运用。因为教师平时设计的活动都是和 Teddy Bear 有关，而且发生在它身上的故事都十分有趣，教师抓住学生喜欢 Teddy Bear 这个主人公的心理，创设的这项活动，效果确实很好，充分体现了"诱趣导学"的作用。

2. 疑趣结合，提升能力

积极创设疑问，激发学生的好奇心，把学生引入与所提问题的有关情境中，促使学生产生要弄清未知的心理需求，引发求知欲。但在实施时要避免教师的提问只针对教学内容的片面性。因此，在课堂教学中，一方面，教师要开动脑筋设疑，设置悬念，引发学生不断深入思考；另一方面，教师在关注学生产生"疑"的同时，还要关注学生的"趣"，把学生的"疑"和"趣"作为学生学习的最根本的驱动力，并把二者有机地结合起来。在英语课堂教学中，教师应利用各种资源创设语言情境，构建良好的语言学习氛围，激发学生的兴趣，但是又不能单纯依赖兴趣，教师必须在教学的过程中把学习和学生自己的日常生活、成长、能力发展相联系，"疑趣结合"，使学习活动成为学生自主自发的行为，学生的各种能力才能真正提升。

六、"因材施教"需要教师以学生为中心设计评价工具

提供平台、展示自我是"互联网+"时代的又一显著特征。教师应该尽最大努力为学生拓展更大的学习语言空间，创造更多自主展示自我的机会和平台。与此同时，对学生的各种展示进行评价是学习活动中的一个环节，所以评价的功能与教育教学目标是一致的。评价的最终目的应当是激励人，让人获得发展，而不是筛选人和抑制人。评价的意义在于观察学生的学习过程，发现学生的优缺点并帮助他们弥补不足。小学英语课堂教学文化创新要摒弃给学生一个等级或分数并与他人进行比较的评价方式，要更多地体现对学生的关心、关注和关怀，不但要通过评价工具促进学生在自己原有水平上提高，完成教学目标，还要发现学生的潜能，发挥学生的特长，了解学生发展中的需求，帮助学生建立自信、认识自我，从而不断地超越自我。因此，评价应该是引导帮助学生不断超越自我的过程。由于学生是处于不断发展变化的过程中的，教育的意义在于引导和促进学生的发展

和其人格完善。学生的发展需要目标，需要导向，更需要激励。本着"以学生为中心，服务学生终身发展"的教育理念，教师要不断收集学生成长过程中的信息，根据学生的具体情况，判断学生的长处与不足，在此基础上根据教学目标设计每节课的评价工具，通过在各个环节关注学生语言发展的具体情况，促进学生身心的全面发展。

总之，当教师利用各种方法激发学生学习兴趣的时候，也发展了学习语言所需要的能力和方法，培养了他们的观察力、想象力和创造力，同时也培养了积极的情感和正确的价值观。教师要开动脑筋，充分了解学生的需求，用自己的智慧解读教材，创造性地使用教材，最大限度地满足学生对学习内容、学习方法的需求，用智慧激发学生的兴趣。教师只有根据不同学生的认知水平、学习能力以及自身素质，选择适合每个学生特点的学习方法来有针对性地教学，发挥学生的长处，树立学生学习的信心，才能更好地在培养学生运用语言能力的同时促进学生全面发展。小学英语课堂教学文化创新需要的是教师超越知识的智慧，挖掘"因材施教"的方法和途径，在"互联网+"时代，使英语课堂也能呈现以下网络时代特征。

第一，数字化，教学广泛应用现代信息技术手段。

第二，公平化，给每个学生提供均等的学习机会。

第三，平台化，搭建舞台，让所有学生乐于展示自我。

第四，开放化，扩大信息量，满足学生的求知欲。

第五，小众化，实现私人定制，满足学生的个性需求。

小学英语课堂教学只有回归真实的生活，贴近学生生活实际，尊重学生成长规律与需求，"因材施教"满足学生对知识的求索和精神需求，服务学生的成长，才能真正实现教育公平。

"双减"背景下的小学英语作业设计研究

内容摘要：作业是课堂教学的延伸，不仅能检测学生的学习情况，使教师及时了解学情，还能帮助学生巩固课堂所学知识，提高学生应用知识的能力与学生的学科素养。在过去相当长的一段时期内，为了提高教学质量，教师往往布置大量的作业，这不仅增加学生的课后负担，也影响学生的学习积极性。在此背景下，"双减"政策适时出台，并在社会上引起了强烈反响，学生、家长、学校、教师都对这一政策持欢迎与支持态度。小学英语教师不仅要精心备课、上好每堂课，更要控制好作业量，力求少而精。基于此，文章分析了"双减"背景下小学英语作业设计的要求与当前小学英语作业设计中存在的问题，并提出了"双减"背景下小学英语作业设计的策略，以供参考。

关键词："双减"；小学英语；作业设计

小学英语教师布置的传统作业，往往需要学生单调地抄写和背诵，很难激发学生的学习兴趣，这也与英语的交际功能背道而驰。"双减"背景下，小学英语教师不能以提高学生分数为目的而使学生沦为刷题机器，而是要合理控制课后作业总量，力求做到少而精，使作业能调动学生的学习兴趣，并在此基础上对学生的英语知识运用能力进行锻炼，在不增加学生额外负担的前提下促进学生的个性化发展。

一、"双减"背景下小学英语作业设计的要求

"双减"背景下，小学英语教师要重视学生英语基础、学习能力等方面的差异，遵从英语学习规律，本着以学生为主体的原则设置相应的作业。作业设计要符合新课标理念：一是满足学生的发展需要，以巩固基础知识为主，并体现时代特色；二是优化作业结构及组合，注重学生英语学科各方面能力的均衡发展。

二、当前小学英语作业设计中存在的问题

1. 作业单调、不典型

小学英语教师布置的传统作业，往往需要学生抄写单词与词组数遍，或背课文，或做试卷等，体现了教师的主观意愿。由于作业枯燥，导致很多学生没有兴趣，草草应付完成，无法体现作业的实效性。

2. 作业统一、没有针对性

小学英语教师往往忽略学生的个性及基础差异，给全体学生布置同样的作业，

这样的作业没有针对性，缺乏弹性，导致学优生"吃不饱"、学困生"吃不下"，学困生抄袭作业或不做作业等行为时有发生，长此以往，英语学习跟不上的学生越来越多，学优生则越来越少。

3. 作业形式单一、多样性欠缺

小学英语教师要注重训练学生的听、说、读能力，但这些内容操作性强，很难被量化，所以小学英语教师布置的作业仍以抄写单词等书面作业为主，导致作业单调、乏味，影响了学生英语综合运用能力的提升及个性的发展。

三、"双减"背景下小学英语作业设计的策略

1. 作业形式多样化

小学英语教师设计作业时，要力求多类型、多形式、多角度，使学生基础知识、应用技能等都能得到锻炼。为了提高学生的听说能力，小学英语教师在设计作业时，要结合生活实际。例如，在学习完自我介绍这一模块后，教师可以要求学生课下和同年级其他班的同学交朋友，要求学生分别找其他班的同学做自我介绍，这样的作业不仅能锻炼学生的口语能力，还能培养学生的人际交往能力，使学生交到新朋友，也突出了学习英语的目的，即交际功能。

此外，单词的记忆对于小学生来说是一个难点，小学英语教师可以把单词设计成儿歌或童谣，让学生以说唱的形式来记忆。例如，在教授颜色单词时，教师可以将 red、yellow、green、blue、black 等单词改编成儿歌的形式，要求学生背诵：

（1）Red, red, stop. Yellow, yellow, wait. Green, green, go, go, go.

（2）Apple, red, apple, round. Banana, yellow, banana, sweet.

这样朗朗上口的说唱形式的作业很受学生欢迎，学生也能自觉完成作业。

2. 作业设计生活化

正如教育家陶行知所说的，生活即教育。作业的设计也要突出生活气息，小学英语教师要以生活中常见的东西为资源，架起英语学习与学生生活间的桥梁，让学生认识到英语在生活中的作用。通过这样的方式，一方面可以实现学以致用，另一方面可以激发小学生对英语的学习兴趣。例如，在学习过文具及生活用品的单词后，教师可以要求学生在家中各类生活家具、物品上贴上英语标签，这样学

生每天都可以复习相关的单词，且能让家长看到学生的学习成果；再如，在学生学习了人物介绍后，教师可以让学生用所学单词描绘出家庭成员的特征，并组织学生在课堂上进行介绍，这样的作业不仅能涵盖所学内容，还能激发学生的自主探究兴趣，帮助学生复习并巩固所学内容。这样一来，英语作业不再是简单的机械重复，而是一种愉快的体验。

3. 作业设计分层化

陶行知先生说："人像树木一样，要使他们尽量长上去，不能勉强都长得一样高，应当是：立脚点上求平等，于出头处谋自由。"小学英语教师应因材施教，让不同的学生都有机会各展所长。不可否认，不同的学生在先天禀赋及后天成长等方面都存在一定的差异，其学习能力与方法也各不相同。若想让不同层次的学生都能在做作业时有所收获，小学英语教师就要充分尊重学生个性，在布置作业时不仅要考虑学优生，还要考虑中等生及学困生，设计的作业要有层次。

例如，教师可以根据学生的个体差异，设计三个层次的阅读型作业：（1）学困生：用录音机跟读课文并朗读3~5遍，要求学生逐句跟读，掌握读音及句子的停顿，跟读后要能独立朗读课文，单词发音要准，并读出句子的正确语调。（2）中等生：朗读课文数遍，并完成教师布置的与课文相关的阅读理解题。（3）学优生：精读课文，要逐句朗读，并圈出理解困难的单词及句子，根据课文内容提出问题并解答；画出课文中的重点词组及句型。

教师通过难度适宜的分层作业设计，可以使各层次的学生都能轻松完成作业，激发学生学习英语的兴趣，使学生在轻松的氛围中完成作业，并扎实掌握所学知识。

4. 作业设计多元化

为了督促并鼓励学生保质保量地完成作业，小学英语教师的作业设计要做到多元化。要想学生学好英语，小学英语教师需要培养学生良好的听读能力。小学英语教师在布置听读作业时要让学生边听边指着相关句子或短语，并跟读。为了培养学生用心倾听及跟读的良好习惯，要做到家校联合，取得家长的支持，在家庭中创造听读条件，并由家长督促学生按时完成。为了激发学生学习英语的兴趣，在作业批改中，教师可以采取趣味激励的方法，在其作业上印上"Good writing"或竖起的大拇指。

总之，形式多样、内容丰富的作业是课堂教学的有益补充，小学英语教师要像准备课堂教学一样做好作业设计，使学生课堂所学的知识在作业中得到升华，提高学生的思维能力，使学生不断进步。

参考文献

[1] 戴天扬.小学英语作业设计与评价的创新思考[J].基础教育课程，2018(10)：59—64.

[2] 靳帆,蔡宁.小学英语课外作业的设计[J].教学与管理，2018(32)：53—55.

[3] 傅淑玲.小学英语口语作业的系统设计[J].教学与管理，2018(14)：44—46.

[4] 郭有吉.小学英语教学须回归儿童生活世界[J].教学与管理，2018(23)：36—37.

[5] 刘秋宇.浅谈英语语言在日常生活中的应用：评《看视频学英语口语衣食住行一本通》[J].食品科技，2019(12)：377—378.

[6] 李娟.英语听说在线作业设计的原则[J].教学与管理，2020(14)：58—60.

在英语课堂教学中培养学生的创新勇气

课堂是实施创新教育的主阵地。课堂教学要注重学生学的过程，即提出问题、解决问题的过程。在小学英语课堂，如何使学生在生动、活泼、民主的教学氛围中，通过丰富多变的学习方式培养大胆质疑、多向思考、科学想象的创新思维和勇气，在此谈谈自己的想法和做法。

一、和谐的师生关系，激活创新勇气

我们在教学中常发现，学生在独立的思考后，想到问题往往不敢大胆提出来，不敢发表自己独特的见解。他们可能有种种顾虑，有的担心自己的想法不够成熟，因此信心不足；有的担心自己的见解不被教师和同学接受；还有的怕被反对，有畏惧心理，这样无疑阻碍了学生创新能力的发展。教师应积极培养学生的勇气，努力创设和谐、平等、民主的气氛，积极地鼓励他们。对于学生提出的问题，要用心地与他们进行交流，及时纠正、及时鼓励、及时表扬，善于发现学生的闪光点，善于激励敢于发表自己独特见解的学生，让学生能畅所欲言。很多教师的爱是以"严"来表现的，教师处于绝对的领导地位，学生自己的思维、个性在这种被动式的学习中被削弱，师生关系不和谐，必然会影响学生创新潜能的开发，这是许多教师意识不到的。在倡导创新教育的今天，努力建立起亲和的师生关系，以激活学生的创新潜能，应该作为一种趋势、理念。这种理念一旦确立，在教学中就会积极地表现出来。教师就不再是高居于学生之上的知识的传授者，教师应该热情地去唤醒学生创新的欲望和勇气，形成动机，激发创新潜能，让其尽情施展。在此过程中教师不断地给予肯定、鼓励，在倾注期待、真情交融、合作互动中，使学生创新的欲望、创新的勇气、创新的精神不断得到强化，学生创新的潜能得以激活。

二、多元的学习方式，生成创新勇气

不同的学习方式引发不同的学习效果，学习的过程从模仿到创新也是一个艰难的过程。而多元的学习方式恰恰是让学生在此过程中生成创新勇气的一剂良方。多元是指探究、合作等方式。探究是指学生学习的形式；合作则是学生学习的组织形式，在课堂教学中不能把它们分成几个孤立的板块，它们之间是相互联系、相互促进的。

1. 探究

探究学习是相对接受学习而言的。那么小学生能否进行探究学习？回答当然是肯定的。因为学生在不同的阶段可进行不同的探究学习，如小学生可进行发现学习，随着年级的升高，知识难度的增加，再逐步进行探究和研究性学习。因此，英语教师在学生由浅入深的探究学习中应做到：精心为学生选择正确的探究内容；积极为学生提供所需语言材料等服务；引导学生对探究结果进行评价，促其继续进行新的探究。如在学习《新起点英语》第二册"FUN TIME: Make a Pinwheel"一课时，我发给学生每人一张白纸，引导他们用最基本的方法边说英语边折出 pinwheel。然后分组实践能折出多少不同的 pinwheel，创新意识在学生的头脑中不断闪现，同时边研究边用英语说出做 pinwheel 的过程。很多学生在折纸过程中还主动向教师及同伴请教不会用英文表达的句子，这样的课堂活动体现了"Learning by doing. Learning by using."的全新理念。更重要的是，如果学生不断地参加这种发现活动，他们肯定会逐渐领悟探究学习的方法，这些都需要创新勇气的支撑才能完成，所以探究学习的过程也是促使创新勇气生成的过程。

2. 合作

合作学习是相对个体学习而言的，是学生在小组或团队中为了完成共同的任务，有明确的责任分工的互助性学习。在合作学习中，学生体会到集体的力量，畏难情绪得到克服，创新勇气得到培养和锻炼。为此，教师应做到以下几点。

(1) 根据学生实际学情编排合作小组，分组一般应以异质为标准，这样有利于学生合作交流，共同进步。

(2) 建立合作学习规则并指导合作小组成员明确各自的责任分工。

(3) 指导合作小组制订学习目标。

(4) 组织引导合作小组进行学习成果的交流并展开评价活动。

如在学习《新起点英语》教材第一册时，字母的认读是一个重点，为了帮助学生更好地掌握，笔者建议学生每四人组建一个小组，开展合作学习，用学会的字母编歌谣并在规定时间内力争编得又多又好。在完成此项任务时，同学们讨论、练习得热火朝天，当他们展示各组成果时，真令笔者十分兴奋，他们编的歌谣有："AD, AD, for you and me.\ FG, FG, follow me.\ HD, HD, I can see.\

A D F G all for me.\ D G T P looking at me.\ A J K, A J K, what colour are they?..."组内的每个学生都能积极参与，充分发挥各自的想象力和创造力。就连平时很少发言的学生也都表现得很出色。当教师引导学生进行自评及互评时，他们又能很准确地找出自己及他人的优点和努力方向，由此可见，在英语课堂教学中采用不同的学习方式有利于学生相互交流、学习，生成创新勇气并能不断取得进步。

三、"疑、趣"相融的活动设计，挖掘创新勇气

疑问是思维的开端、创新的基础。积极创设疑问，激发学生的好奇心，把学生引入与所提问题有关的情境中，促使学生产生要弄清未知的心理需求，引发求知欲，所以课堂教学必须坚持寻疑。同时，兴趣是最好的老师，学生能自主学习的关键就是对学习有兴趣。因此，在课堂教学中，一方面，教师要开动脑筋设疑，设置悬念，引发学生不断深入思考。另一方面，教师在关注学生产生"疑"的同时，还要关注学生的"趣"，把学生的"疑"和"趣"作为挖掘学生创新勇气的最根本的驱动力，并把二者有机地结合起来。在教学中应该以培养观察力为基础，引导学生在观察中审美，在观察中发现，在观察中探究。在课上和课下引导学生大量观察，让他们体验、认识周围的世界。观察可以提供丰富的想象素材，思维素材的积累是以对周围世界的认识为基础的。因此，指导观察是必不可少的。观察力是激发创新动机、寻求创新思路的非常重要的品质。观察是思维的基础，想象是拓宽学生思维空间的最好途径。学生是富有想象力的，这是挖掘学生创新勇气的基础，而发展学生的想象力在课堂教学中是非常重要的。教师要为激发学生的想象提供一切可能的契机。以学习《新起点英语》第二册为例，在讲Unit 10 / Lesson 56 课时，笔者在黑板上设计了一幅图，当学生看到许多问号时，立刻皱起眉头，一个个疑问开始生成，同时语言信号不断在头脑中闪现。经过片刻思索之后，他们主动交流的欲望随即产生，于是在相继展开的师生及生生互动活动中学生掌握了"Where is...?"和"What's on / in / under / behind the...?"的语言知识。

总之，培养学生的创新勇气，就要让学生成为学习活动的主人，教师成为学生学习的组织者和合作者。教师可以根据学生的提问或活动中可能出现的某些情况，提供示范、建议和指导，引导学生大胆阐述并讨论他们的观点，并尝试让学生对结论进行评价。教学过程不是学生被动地吸收课本上的现成结论，而是学生

亲自参与的、丰富生动的活动过程。但在新课程实践中，我们也不能把新课程提倡的学习方式仅仅理解为自主、合作、探究，认为没有它们的课堂就不是新课程的课堂。新课程背景下的学习方式既要创新，也要继承传统学习方式中的精髓，不能一味抛弃，只要学生能自主地学习，学习过程就会成为学生发现问题、提出问题、解决问题的过程。在英语教学中，学生学习的过程实际就是一种思维及语言运用训练的过程，但这种训练绝不是传统简单的失去语言功能的机械性重复模仿练习。为此，英语教师在教学实践中要创造性地使用教材，善于在课堂教学中运用设疑激趣的教学手段，注意在语言学习中运用信息差，加强学生运用语言的训练，适时适度地利用不同的学习方式，让学生在丰富多样的教学活动中主动、全面地发展，让学生的思维插上翅膀。师生之间真情的交融，小伙伴的合作互动，都是为了让学生自己手执金钥匙去开启创新思维的大门。在这样亲和、互助的环境里，培养创新的勇气、创新的热情，最终使创新潜能得以激活。

谈教师以正能量激发小学生的积极情感

内容摘要： 教育家苏霍姆林斯基说："没有爱，就没有教育。"师爱对学生来说是一种鞭策和激励，对学生的成长和进步有很大的推动作用。在小学英语课堂教学中，培养学生积极的情感态度，要求教师具有强烈的事业心、高度的责任感、持久的耐力和真挚的爱心，只要教师发挥正能量，把信任和期待的目光投向每个学生，把关爱倾注于整个教育教学过程之中，必然会唤起学生对教师的尊崇和热爱之情，这种情感将会迁移至学习之中，使学生产生并保持积极的情感态度，进而自觉、主动地参与课堂教学活动，更好地发展英语语言综合运用能力。

关键词： 关爱；激励；激趣；言传身教

英语课标中提出，积极的情感态度是影响学生学习过程和学习效果的重要因素。那么在小学英语课堂教学中，教师应如何发挥正能量，培养学生的积极情感，在此略抒一己之见。

一、关爱学生

心理学认为，爱是人们普遍存在的一种心理需求，而每一位学生如果经常感到英语教师对他的爱，便会激发出健康的情感，更容易产生积极学习的动机，而且对学习英语更自信。教育家苏霍姆林斯基说："没有爱，就没有教育。"师爱对学生来说是一种鞭策和激励，对学生的成长和进步有很大的推动作用。

1. 尊重每位学生情感

大多数英语教师会发现，无论在什么时候、什么场合，学生都非常重视教师对他们的态度，这影响了学生对自己在集体中的地位、作用的认识和评价。因此，在教育教学过程中，教师要时刻注意自己的情绪，不迁怒，不急躁，尊重和爱护学生的自尊心。如果发现学生做错了事情，学习中出现了问题，应避免使用训斥、指责等违反心理规律和有损学生自尊心的方法和手段。教师应积极帮助他们分析原因，使其感到教师的理解、尊重与信任，克服畏难情绪，增强学习英语的信心。

2. 融入所有学生之中

在课堂教学中教师要努力创设宽松、民主的学习气氛，充分认识自己所扮演的"多元化"角色，高效务实地完成与学生互动的教学过程，建立良好的师生关系。如上课时，讲台并非教师位置的全部范围，教师应该活跃于整个教室之中，经常走进学生中间，拉近教师与学生的距离，使他们增加安全感，减少焦虑，充分调动学生习得语言的积极情感。课下，教师也要经常参与学生的活动，做他们的朋友，了解他们的"世界"，让他们感到教师的和蔼可亲，使他们产生积极的学习情绪和良好的心境，从而增进师生之间的情感。

3. 关爱不同学生成长

一般来说，教师关爱优等生，是比较容易做到的，而关爱那些后进生就比较困难了。为了避免这种情况发生，笔者竭力把爱倾注到每个学生身上。在教学中笔者不让"偏向"拉开自己与学生的距离，对后进生从不厌烦，想尽办法调动他们学习的积极性，课上经常设计一些难度系数较低的问题让他们回答，多创造使他们觉得有进步和成就感的机会，帮他们找回自信。对回答不出问题的学生，笔者总是耐心启发或平和地说："Never mind. It doesn't matter. / Think it over."而不是简单地说："No. Sit down."对后进生取得的点滴进步笔者都及时给予表扬，有效地激发和增强他们习得语言的自信心，使之在教师的经常鼓励中逐步协调自己的情感，克服逆反心理。在生活中，笔者经常利用课余时间找他们谈心，了解他们的困惑，及时针对他们的问题给予帮助，针对他们的知识漏洞耐心辅导，日复一日地付出，终于换来了他们长足的进步。实践证明，只要教师用爱心去启迪智慧，去塑造心灵，所有学生都是可以进步、能够得到健康发展的。

二、适时激励

丹麦教育家叶斯伯逊说过这样一段话："为什么小孩子学习本族语学得那么好呢？原因很多，其中有一点是小孩子在学习过程中，每一点进步都会受到关注和鼓励。"这对小学英语教学有很大启示，因为小学生在学习英语时最需要勇气和信心。所以"激励"在学生习得语言的过程中起着至关重要的作用。

1. 立足教材，延伸引用

小学英语教材内容很容易被学生较好地吸收，教师要适时适度地引导学生，使他们在教材中主人公精神及品质的感召下，受到礼貌待人、团结协作、不怕困难、热爱祖国等方面的教育，从而内化为自己的行为准则，如在学习上遇到困难，学生们能互帮互助、相互激励，生活中亦如此。再如英语中的日常礼貌用语，笔者不仅用在课堂中，平时见到学生也能主动向他们打招呼，"Hi""Hello"虽然说起来很简单，但却表达出教师对学生的爱与尊重，这样做既融洽了师生之间的关系，又能激励学生像教师一样灵活运用所学语言知识，以便更好地掌握语言功能。

2. 抓住契机，语言激励

在课堂教学中，教师对回答问题的学生经常会给予口头评定，像"Good""Very good""Excellent""Good job""Well done"等。这些语句在教师眼里是平常的，但在小学生看来，这种鼓励不亚于发给他们的小红花或小粘贴之类的奖励，同时其他学生也会受到鼓舞，积极踊跃地举手发言。这是由他们的年龄特点决定的，因此教师要善于捕捉时机，慷慨地运用激励性语言，给予他们精神鼓励，自然地实现师生之间的情感传递。

3. 无声语言，胜似有声

在小学英语课堂教学中，教师激励的语言固然重要，但教师的一个眼神、一个手势、一个微笑，往往也会给课堂带来亲切、和谐的气氛，使学生产生一种愉快向上的求知欲。因此，在教学中教师要巧用形体语言（body language），给学生以暗示和激励，稳定学生情绪，消除他们紧张、害羞的心理，赢得他们的信任，从而产生融洽的课堂气氛，使教学通过形体语言、表情等情感交流获得成功，也使学生在语言学习上的成功体验与情感态度的发展相互促进，体现出无声与有声的异曲同工之妙。

三、课堂激趣

无论是在奉行师道尊严的过去，还是在倡导张扬个性的今天，"兴趣"都是学习中永恒的话题。在小学英语课堂教学中，教师应深刻领悟新课标的理念，积极投身课堂教学之中，精心打造课堂，增加课堂对学生的吸引力。因此，在教学中，教师一方面要大量创设与现实生活相仿、形象逼真的情境，构建良好的语言学习氛围，通过丰富多样的"任务"活动来激发学生学习英语的兴趣；另一方面要创造性地使用教材，善于在课堂教学中运用设疑激趣的教学手段，经常开动脑筋设疑，设置悬念，使学生产生强烈的学习动机，引发学生不断深入思考。

教师在激发学生兴趣的同时，还要注意运用语言学习中的信息差，加强对学生语言功能的训练，敢于打破传统教学模式和思维定式，根据学生好奇、好胜、好玩、好动的特点，不断变换教学方式，增添英语课的情趣，让英语课堂成为学生学习的乐园，使他们始终保持对英语学习的浓厚兴趣。比如传统课堂教学中学习"apple"这一单词时，教师会呈现完整的实物或者图片讲解，而现在呈现的是实物或图片的一部分（图1），伴随教师神秘的"What's this in English?"问句，让学生在猜的过程中去思考，去习得语言，直到教师将完整的苹果一点一点呈现出来，学生在真实的语言活动中不仅饶有兴趣地掌握了新知识，而且还印象深刻。

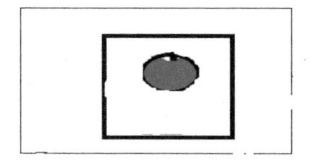

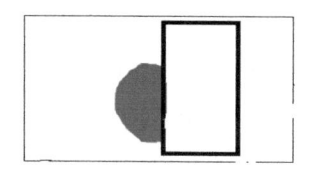

图1

四、言传身教

教师的任务在于育人，不仅用自己的学识教人，而且重要的是用自己的品格教人；不仅通过语言去传授知识，而且用自己的人格去感化、教育学生。著名教育家乌申斯基曾指出："教育者的人格是全部教育的基础。"在教育教学过程中，教师自身的品德和行为是强有力的教育榜样。捷克教育家夸美纽斯说："教师应该是道德卓越的优秀人物。"法国教育家卢梭也说："在敢于担当培养一个人的任务之前，自己就必须造就成一个人，自己就必须是一个值得推崇的模范。"发挥教师的正能量也就是发挥教育的正能量，教师具备什么样的素质，就会培养出具有同样素质的学生。

小学生效仿能力很强，教师的一言一行会对他们产生潜移默化的影响。因此，要想发挥教师的正能量去激发学生的积极情感之功效，首先，教师必须具有高尚的师德和人格，教师高尚的道德行为是对学生的一种期望、一种召唤、一道无声的命令，更是引导和激励学生完善品德、积极向上的一种精神力量。教师从事教育工作的重要工具和手段是自己的人格，教育功效的高低也反映了教师人格的健全程度。为人师表，言行一致，以身作则，做学生的表率，做学生思想、道德的示范。其次，教师还要有广博的科学文化知识和较强的业务能力，以扎实的科学文化功底、良好的业务素养和教学技能树立自己的形象，做学生知识的传授者、智慧的启迪者、人生的领航者。小学生是很感性的，在大多数情况下，他们往往会因为对一位教师的喜爱而喜欢他所任教的学科，会因为自己喜爱的教师的好恶，影响自己个人的个性和特长，这正是一种无声的教育力量变为学生行为的内部动因的表露，是教师以自己的人格影响学生人格成长的一股力量，教师一旦成了学生学习的榜样，学生便会"亲其师，信其道"，继而转化为学习的积极动机。因此，发挥教师的正能量，就是积极乐观的教学，喜爱自己的学生，不断积累自己的教学经验，让自己默默奉献于教育事业。这也是作为一名教师发挥正能量培养学生积极情感的关键所在。

总之，在小学英语课堂教学中，培养学生积极的情感态度，需要教师释放正能量，教师要具有强烈的事业心、高度的责任感、持久的耐力和真挚的爱心，只要对学生抱有热切的期望，并经常给予鼓励和帮助，就会给学生带来安慰和鼓舞。在他们内心深处接受这种期望，并按教师所希望的去做，最终就会获得成功。只要教师把信任和期待的目光投向每个学生，把关爱倾注于整个教育教学过程之中，必然会唤起学生对教师的尊崇和热爱之情，这种情感将会迁移至学习之中，使学生产生并保持积极的情感态度，进而自觉、主动地参与课堂教学活动，更好地发展英语语言综合运用能力。

拆除英语课堂教学的隐形篱栅
——小议跨文化意识的培养与语言能力的提高

小学生在最初接触英语时，都是兴趣盎然的。但受传统课堂教学模式的制约，大部分学生在学习过程中，学习动力锐减，学会的英语也只是"哑巴英语"。有些学生虽然语言基础知识掌握得很好，但在具体语境之中，却张不开口或词不达意，结果身陷窘境，甚至产生误解。当课程改革的春风吹向课堂之中，英语教学悄然变化，展现了新的课堂学习面貌，活跃的课堂氛围替代了以往沉闷的学习场面，师生和谐互动的场景改变了教师"一言堂"的尴尬局面，大量充满"信息差"的交流活动改变了机械性操练的呆板模式，教师和学生都沐浴在课改的春风之中。

然而，随之而来的还有"穿新鞋走老路"的现象。在轻松、愉悦的教学活动之中，许多教师依然过分关注学生语言知识的学习，漠视学生跨文化交际意识的培养，阻碍了学生语言能力的发展。有的教师认为，在教学中，学生能理解并记住教师讲的语言点，对一些语言材料能听懂、能读、会认、书面表达正确就可以了，无须了解相关的文化背景知识；还有的教师认为课堂上给学生输入这些信息，会干扰学生学习语言的情绪，担心学生"借题发挥"，课堂纪律难以控制，从而影响学生的语言知识的落实。

美国语言学家萨丕尔（E.Sapir）说："语言的背后是有东西的，而且语言不能离开文化而存在。"英国语言学家拉多（R.Lado）也指出："我们不掌握文化背景，就不可能教好语言，语言是文化的一部分。因此，不懂得文化的模式和准则就不可能真正学到语言。"

由此可见，无论是教师还是学生都要充分认识文化背景知识的重要性。语言本身是为了交际，语言教学的目的是教会学生使用语言去自由交流。语言和文化相互依存，文化以语言为载体，同时语言又含有丰富的文化内涵。在学习英语知识的过程中有许多文化差异影响着学生自如地使用英语。我们经常会遇到这种情况，一些学生英语学习成绩很好，但语用能力却存在一定的问题。作为一名英语教师，只要静下心来，凝神反思其中的缘由，让慧眼看清课堂教学中束缚学生语言能力发展的隐形篱栅，想方设法拆除它们，必然会出现"柳暗花明又一村"的美好前景。

隐形篱栅之一：忽视教师自身素质的作用

教师自身素质是促进学生语言能力提升的润滑剂，但很多教师并没有意识到这一点。为了帮助学生尽快提高语言综合运用的能力，想了许多方法，结果却是事倍功半。

拆除方法：语言能力和跨文化意识是相辅相成的，人们语言的表现形式受社会文化的制约和影响，文化意识是语言交际的思维基础。如果只注意语言形式，不注意其内涵，就不可能真正掌握这种语言，更谈不上具有语言运用能力了。教师要重视自身语言能力的提高，不断提升自己的专业知识水平，才能促进学生能力的提高。

从小学低年级开始，教师就要用英语组织课堂教学，将教学内容与学生日常生活实际相结合，创设符合学生生活的语言情境，力求在课堂上对学生进行高强度、大活动量的语言训练。教师自身素质越高，语言能力越强，用英语组织教学时就越能挥发自如，同时对学生的语言能力也产生一种潜移默化的影响和熏陶。当然在小学阶段，用英语组织教学的同时，不能完全排除使用母语，要遵循"尽量使用英语，必要时利用母语"这一原则。

隐形篱栅之二：缺乏生动的语言实践情境

小学生学习英语缺乏真实的语言环境，为语言的自然习得和实际应用带来不小的麻烦。

拆除方法：教师应充分利用课堂教学，设计丰富多彩的活动，努力为学生创设学习英语的情境，让他们在最初接触英语时，就置身于英语学习的氛围中，不断获得成就感，提高学习英语的积极性。在英语教学中，许多教师都有这样的体会：不具备听说能力的学生，学习英语的积极性不会持久，因为他们的语感差，自信心不足，也就不会有稳定的后劲。为此，培养学生的听说能力是英语教学的关键，也是提高学生语言交际能力的重要途径。在英语课上，教师要加强听说能力训练，避免一人垄断课堂的现象，利用各种情境，让学生有充分听说英语的时间和机会。例如，教师在课上用英语组织教学，同时用表情和肢体的动作，以及身边所有可用的事物来帮助学生理解教师所说的话和教师的意图。教师将学生以往学到的知识不断进行整合，将平时学到的知识编成有趣的儿歌，让学生经常挂在嘴边，不仅在课上，课下也反复朗读背诵。学生对此非常感兴趣，而且乐此不疲。久而久之，学生的语言知识有了一定的积累，而且做到温故而知新，新知识在反复诵读后牢固掌握，学生在语言实践中，获得了对所学知识进行梳理总结的方法，为他们日后的语言交际打下了坚实的基础。

在呈现新知识并对此进行练习时，创造一个良好的心理与认知环境，引发学生对学习的兴趣，启动学生思维活动，激励学生尝试体验语言也很重要。教学活动依据教材中的各种话题展开，激发学生的参与愿望。比如在导入新课时，教师要开动脑筋，创设情境，利用挂图、实物和简笔画等配上贴切的导语，使学生不知不觉地进入新知领域。如果挂图、实物达不到渲染气氛的效果时，教师就动手制作一些比较夸张的教具。这样既活跃了课堂气氛，又吸引了学生的注意力，让他们能根据教师提供的情境，争先恐后地参与运用新语言知识进行交际的活动。学生在轻松愉悦的氛围中掌握了新内容，实践了新语言知识，交际能力自然不断提升。

隐形篱栅之三：遗漏隐性的文化内涵

跨文化意识本应充盈于课堂教学之中、渗透于师生思绪之间。我们现在使用的英语教材中，缺乏文化背景知识内容。一些教师在备课时恰恰也遗漏了这方面内容，致使学生学到的只有语言知识。

拆除方法：众所周知，世界上不同国家、不同民族之间存在着巨大的文化差异，"跨文化意识"是语言综合运用能力的一个组成部分，是得体运用语言的基本保证。因此，教师应该清醒认识到，了解不同国家、民族之间的文化在跨文化交际过程中是必不可少的一环。很多事例证明文化误解远比语言误解可怕得多。

作为英语教师，在学生学习英语的语言知识的同时，一定要注重培养学生的跨文化意识，因为它直接影响学生语言能力的发展。教师要把握好教材这一重要的教学资源，挖掘其文化内涵，结合教学内容将英语国家的风土人情、传统习俗、主要节日的庆祝方式等文化知识适时介绍给学生，使其拓宽视野，增长见识，加深对英语文化的理解，他们便能更准确、更得体地运用英语。比如，教材中出现英语国家中重要的节日，教师在教学中应该让学生了解英语国家的文化习惯，才能根据所在的场合和所面对的不同人进行自如的交际。如学习询问年龄的句型时，应将尊重个人隐私的意识传递给学生，告诉他们追问英语国家女士"How old are you?"（你多大了？）是非常不礼貌的。当学习就餐的话题时，一定要对学生进行必要的点拨：中国人素有热情、谦让、客气的美德，但与西方人共同进餐时，作为主人，在周到照顾客人之时，要注意对方的感受，当别人说"No, thanks."之后，不能再强行劝让对方吃什么了，不然的话就是很无理的。作为客人，一定要根据自己的需要来接受对方的建议，不能在别人热情款待时，存在不好意思的心理，于是吃饭时别人给什么就要什么，结果吃不了，放到盘中的食物剩下很多，造成很尴尬的局面。因为西方人认为，凡是放到自己盘子里的食物都必须吃掉。还有，在学习有关数字的单词时，教师可以把一些数字所蕴含的西方风俗、习惯等文化背景知识讲给学生，以帮助学生运用所学语言进行合理的交际。当学生了解了这些文化背景后，跨文化交际的意识增强了，就能够在各种场合中得体交际。

当然，在英语中有很多语言知识的文化背景是一言难尽的，有的并没有可靠的根据，教师也不必深究，这些都是很正常的，毕竟我们祖国的语言文化中也有一些约定俗成而不被我们所了解的。例如，很多人不喜欢"250"这个数，把一些说话办事不着边际的人用"二百五"形容，究其原因，很难说清。教师在教学中一定要教会学生"入乡随俗"的交际要领，这也是培养跨文化意识，提高语言能力的基础。

总之，语言能力是隐含的、内在的，也是个性化的。在小学英语课堂教学中只注重语言方面的内容是不够的，还必须让学生了解相关的文化背景知识。教师必须有意识拆除课堂教学的隐形篱栅，做到加强自身修养、创设真实的语言情境、挖掘教材中的文化内涵，在帮助学生掌握语言技能的同时，引导他们理解英语文化，培养他们的跨文化交际能力，让学生感受、体验、理解、接受来自不同地域的文化。学生只有在头脑中形成用英语传递信息的思维习惯，做到语言知识与文化意识的有机结合，语言能力才会不断提高。

参考文献

[1] 中华人民共和国教育部. 义务教育英语课程标准 [M]. 北京：北京师范大学出版社，2001.

[2] 朱慕菊. 走进新课程 [M]. 北京：北京师范大学出版社，2002.

[3] 顾曰国. 跨文化交际 [M]. 北京：外语教学与研究出版社，2002.

家长评价与课堂教学

内容摘要： 英语课程的评价体系要体现评价主体的多元化和评价形式的多样化。应关注学生语言综合运用能力的发展过程以及学习的效果，既关注结果，又关注过程，使对学习过程和对学习结果的评价达到和谐统一。家庭是学生生活的重要场所，教师往往无法直接了解学生在家中的表现，家长评价从一个重要的侧面为教师提供了有关学生发展状况的信息，它有助于家长和教师形成合力，更好地促进学生的发展。

关键词： 评价；家长评价

一、评价的作用及意义

对学生进行评价是教育过程的一个环节，所以评价的功能与教育目标是一致的。评价的意义在于观察学生的学习过程，发现学生的优点并帮助他们改正缺点。小学英语课堂教学中的评价不是给学生一个等级或分数并与他人比较，而是要更多地体现对学生的关注和关怀，不但要通过评价促进学生在自己原有水平上提高，达到基础教育培养目标的要求，还要发现学生的潜能，发挥学生的特长，了解学生发展中的需求，帮助学生建立自信、认识自我从而不断地超越自我。

由于学生是处于不断发展变化过程中的，教育的意义在于引导和促进学生的发展和完善。学生的发展需要目标，需要导向，更需要激励。本着"一切为了学生发展"的教育理念，教师、家长都要不断收集学生发展过程中的信息，根据学生的具体情况，判断学生存在的优势与不足，在此基础上对其提出具体的、有针对性的改进建议，通过在各个环节具体关注学生从而促进学生的发展。评价并非单纯存在于课堂教学之中，家长同样有权利通过对学生家庭学习的评价间接参与课堂教学，与教师共同关注学生的发展。家庭是学生生活的重要场所，教师往往无法直接了解学生在家中的表现，因此，家长评价将从一个重要的侧面为教师提供有关学生发展状况的信息。它有助于家长和教师形成合力，更好地促进学生的发展。

二、家长评价的形式

在全社会提倡树立"学习型家庭"思想的感召下，教师努力发动家长建立"家庭学习小组"，即家长和学生共同学习。为了达到以小组活动激趣促学的目的，根据教学内容的特点，教师设计了不同形式的系列家庭任务，该活动需要家长的参加与配合，使家长和学生成为家庭学习的合作伙伴。家长对学生的评价形式设计如下：

形式 1：利用网络传递信息

在教学中，利用方便快捷的现代化手段，教师可以经常与家长们互发 E-mail，跟踪记录学生在家庭及学校的学习表现，相互关注学生英语学习动态，共同分享他们学习的状态。家长从知识、能力、情感等方面给予不同关注和评价，对每个学生课后学习中出现的问题，教师可以通过多种方式对他们进行辅导、帮助。根据学生的学习状况，教师还应及时调整自己的教学内容、进度，注重学习内容重难点的突破，加强已有知识的巩固，使课堂教学更符合、适应学生的需要。因此，家长评价所反映出来的想法、意见和建议对教师进一步改进与提高自己的教学有重要的参考价值。

形式 2：建立学生有声学习档案

每当学生学习完一个单元内容之后，就请学生充当"小先生"，把他的学习收获教给家庭学习伙伴。教的过程要全程录音，家长学习的过程即评价过程。教师通过收集学生的录音来获取家长评价资料。这些资料能显示出学生的英语语言能力、学习态度、努力程度、学生的发展与进步。学生通过建立自己的声音学习档案，可以经常回顾自己档案中的内容，并不断改进，从而使自己不断进步、不断超越自己。

形式 3：根据教学内容设计评价资料

例如学习 26 个字母以后，教师设计了以下的任务：

姓名：_____   日期：_____

字母分类：_____

亲爱的爸爸妈妈，您好！

在英语课中我认识了 26 个英文字母。这次活动要求我完成一次字母分类的工作。我希望您能协助我完成这项工作。

这次作业交付的日期是：_____

您的孩子_____（学生签名）

任务：

1. 把所有字母用大写的形式写在下面。

2. 制订分类规则，把所有的字母分为若干组。把你所依据的分类规则写在下面。

3. 给每组字母命名，然后把相应的字母写在下面。

家庭讨论：

你正在和谁进行讨论？

向其他家庭成员解释你的字母分类方法，然后向他提问：你能想出把所有字母分成若干组的其他规则吗？

经过一段时间的努力，家长评价已成为教师教学中不可缺少的重要组成部分，它不但有效地提高了学习效率，使学生保持浓厚的学习兴趣，增强了学生的自信心，还使家长逐步感觉到，他们是孩子学习生活必不可少的一部分，从而更好地配合教师的教学活动。

三、对家长评价的反思

在家长评价参与教学实践的过程中，反映出许多需要解决的问题，如家长评价中有些方面带有较大的主观性和局限性；再如，信息化社会使越来越多的家长置身于忙碌的世界，家长们经常无暇顾及孩子成长过程中的学习活动，而家长的关注又是学生学习活动中必不可少的要素，如何更好地调动、保持家长的积极性，强化家长在学习活动中的参与程度等。面对这些问题，教师一定要对学生和家长加强引导。由于家长在教育教学的目标、过程和方法等方面与教师有不同的理解，其作出的评价可能是不合理的。因此，教师一方面要以积极的心态正确对待家长的评价，另一方面还要坚持正确的教育思想和教育方法，不能屈就家长不合理的要求。同时，教师也要认识到消除认知差异的重要性，加强与家长的沟通，将此作为工作的一部分，而不要纠结家长的评价是否正确、是否公平的问题上。

总之，教学不是在"罐装课堂"，而是要延伸到孩子的家庭生活中去，评价也应伴随学生的学习活动始终，家长越能参与孩子的教育、学习活动，学生越能体验到成功的快乐。家长是学校教育孩子的合作者，通过组织实施家长评价活动，教师会从家长那里学到很多东西，同时家长也会从教师这里学会很多东西。家长评价能有效促进教师不断改进教学工作，而且家长评价对培养学生终身学习的能力也是极其有利的。

参考文献

[1] Fuller M L, Olsen G W. Home-School Relations: Working Successfully with Parents and Families. [M]. Boston: Allyn and Bacon, 1998.
[2] 吴钢. 现代教育评价基础 [M]. 上海：学林出版社，1996.
[3] 张玉田. 学校教育评价 [M]. 北京：中央民族大学出版社，1998.

冷观热议"英语游戏教学"

　　内容摘要：新的课程改革给小学英语课堂教学带来变化，教学从学生的学习兴趣、生活经验和认知水平出发，以任务型教学为途径，将游戏引入课堂，使学生在体验、参与、实践、合作的学习方式中发展综合语言运用的能力。采用游戏教学是很多英语教师提高课堂教学效率的重要方式。科学合理的游戏活动能使学生在轻松愉悦的气氛中掌握语言知识，语言交际能力也会随之提高，游戏与教学的和谐统一会使教学达到事半功倍的效果。然而，游戏教学的盛行，也引发出一些值得思考的问题。本文在呈现英语游戏教学的主要优势的同时，针对一些弊端进行了剖析并说明相应的对策，为采用游戏教学的教师提供了不断完善教学行为的参照。

　　为了激发学生对英语学习的兴趣，让学生积极主动地参与到学习中，一些教师将游戏引入课堂，使课堂教学变得生动、活泼，利用游戏的趣味性、参与性的特性，帮助学生学习英语知识，发展语言技能，使学生在体验的过程中提高语言运用能力以及形成正确的情感态度价值观。在减轻学生学习负担的同时也体现出"面向全体学生，注重素质教育"的新课标理念。英语游戏教学是围绕教学目标将游戏融于教学之中的一种教学活动形式，其实质是把相对枯燥的语言学习内容和操练演变成充满趣味性的各种活动，从而有效地达成教学目标。游戏教学的魅力深深地吸引着学生，因此，英语教师大多喜爱使用游戏教学。

一、冷观英语游戏教学的优势

1. 有助于唤起全体学生的参与意识

　　教师在设计游戏时，要充分考虑到"面向全体，组织参与"这一原则，尽可能设计一些集体参与的游戏，唤起每个学生参与意识。如：设计"The Grape Vine"（葡萄藤）传话游戏，让小组之间快速传递单词或句子，组与组之间展开竞赛。每个学生都有为小组争光和展示自己的机会。这样，既可以操练语言、巩固知识，又可以培养学生的集体荣誉感和团队协作精神。当学生表现出色时，教师应及时地给予表扬，这样，学生产生成就感的同时，好胜心理也得到满足，从而更好地激发他们的求知欲。本来是相当枯燥乏味的语言知识，通过这样的游戏，每个学生都非常乐意参与，而且教学效果非常好。

2. 有助于调动学生的学习积极性

只有学生长久保持对学习的积极性才能视为成功的教育，为此，教师深挖教材，不断翻新游戏的形式，可以极大地满足小学生强烈的好奇心，同时也调动了学生学习积极性。例如：在学习《先锋英语》3A UNIT 4时，主要内容是含有指示代词及物主代词的相关句型，教师就设计了"Getting Your Own Back"的游戏，教师从一些学生那里分别收集一件或几件东西，把它们放在不同的地方，要求学生用恰当的辨认个人物品的句型表述，取回自己或他人的东西。使用何种句型还要取决于学生自身的语言水平，学生们对此游戏兴趣盎然。而在巩固复习这一单元的内容时，教师又设计了"Kim's Game"的游戏，教师从学生那里取回几样物品（学生均能用英文说出），放进一个盒子里，让学生摸物说出物品的主人。通过不断改变游戏的形式和方法，使学生始终感受到挑战的存在，注意力一直被吸引，学习的积极性始终高涨。

3. 有助于促进师生双方能力提高

从英语游戏教学的角度看，无论是教师还是学生都应该从不同的游戏活动中，使各方面的能力得到不断发展，达到"教学相长"的目的。采用游戏教学要求教师在设计游戏时，不能只考虑吸引学生的注意力、激发学生的兴趣，还应考虑到游戏的科学性、合理性。为此，教师要努力钻研教材，动一番脑筋，下一番功夫，使游戏科学合理并有较强的针对性。在这一准备过程中，教师的解读文本、搜集信息、归纳总结、分析运用能力会不断升华。例如：在学习《先锋英语》4A UNIT 4 "Where is it?"时，主要内容是含有介词的相关句型，教师就设计了"Here and There Game"的游戏，教师将提前准备好的物品（让学生看一看）放在不同的地方，用布将物品盖上，然后把学生分成两组，猜一猜这些东西分别在哪里，很巧妙地把所学语言知识在游戏中强化巩固。再如：进行词汇教学时，教师可采用"Pico, Fermi, Zelch"的游戏，即请同学们猜出身边的同学或教师所想的两个单词是什么。由同学分别说出"Pico""Fermi""Zelch"作为提示，做游戏的同学根据每次听到的提示不断调整自己所说的单词。"Pico" means you have one word right in the right place.（有一词猜对，且位置正确。）"Fermi" means you have one word right but in the wrong place.（有一词猜对，但位置不正确。）"Zelch" means no correct words.（两部分均不正确。）学生们争先恐后地参与到游戏中，他们的观察力、记忆力和判断力在游戏中得到充分培养和锻炼。

4. 有助于提高课堂教学效率

小学英语游戏教学不只是为了让学生对英语学科产生兴趣，其根本目的还在于让学生掌握一定的语言知识和语言技能，最终形成初步的综合运用语言的能力。为了给学生提供广阔的语言实践空间，教师在备课时，应充分考虑教学目标，根据教学内容，设计与其息息相关的教学游戏，让学生在情境中自然学习，感知体验，会收到极佳的教学效果。趣味性强的内容能使记忆力提高1.5倍，这是早已被心理语言学专家所做的实验证明的。为了达到短时高效的教学效果，趣味性强的游戏教学显示出强有力的优势，它有利于学生巩固所学语言材料，并牢牢记住。例如：在学习《先锋英语》3A UNIT 2 "How much?"时，为了让学生更好地认读数字单词，教师设计了"比目力"的游戏，课前制作了一张仿真视力表，创设情境，让学生运用所学英文数字来比试谁的视力好。通过这样的游戏，既活跃了课堂气氛，又巩固了所学的内容。因此，当游戏内容紧密结合教学内容时，一方面能提高教学效率，另一方面又能使学生在语言学习和训练过程中发展身心健康，达到一举多得的效果。

二、热议英语游戏教学弊端与对策

英语游戏教学，不是简单地将游戏与教学组合起来，而是要找到游戏与学习的交集圈，将游戏与学习有机统一起来。将游戏与教学联系在一起，使略带接受性学习性质的教学过程与学生的多种情感体验很自然地结合在一起，吸引学生的注意力，同时又活跃了学生的思维，将知识融于游戏之中。虽然时间不长，但能活跃课堂气氛，激发学生的兴趣，让学生体验到成功的喜悦，使相关的语言知识技能得以充分运用，然而，在游戏时需要注意游戏内容必须积极向上，而且始终为教学服务，不能纯粹追求课堂气氛的活跃。运用游戏教学的时候，要避免出现一些弊端。

1. 游戏缺乏创新

进行游戏教学，可活跃课堂气氛，激发学生学习兴趣。然而陈旧单一的游戏，也会使学生产生厌倦感。如有的教师上课时经常运用一种形式的游戏，学生会从最初的欢迎态度发展到最后的反感态度，必然给教学带来消极影响。

解决此弊端的对策为设计新巧游戏。一个好的教学游戏，无疑会吸引学生的注意力,也就是说,设计游戏要善变、创新,不断激发学生的好奇心,因为千篇一律的内容会使学生产生疲劳感。所以,教师在设计游戏时,要注意不断推陈出新,不断创新、变化,使游戏总是富有新意。在游戏中留有足够的空间,让学生思维有发散的余地,让学生多种感官参与进来,使学生从行动到思维都能成为游戏真正的参与者。有的教师可能感觉做到这些太难了,其实,只要教师多留心观察、注重创新,就算是老歌,也能唱出新意。

2. 游戏过程混乱

在游戏过程中,容易出现组织无序,课堂混乱的情况。有的游戏表面上很热闹,然而真正参与进去的学生很少。大部分学生只是在座位上观看,课堂呈现出看似热闹,实则混乱的氛围,这样的游戏自然失去其意义和价值。因此,组织游戏要有严密的规则和程序。任何游戏的顺利开展,都与严密的规则分不开。游戏规则是英语游戏教学中控制学生活动的主要"法宝",它能引导课堂教学逐步达到既定的目标,从而使教师顺利完成教学任务。做游戏时,教师要有一定的调控能力,注意观察学生活动的情况,利用游戏规则有效地维持课堂秩序。教师还要把握好游戏时间,时间过长或过短,对教学目标的达成都有一定的影响。游戏时间的长短既要根据学生的认知水平,也要根据学生的兴趣、能力及教学内容加以控制。此外,组织游戏过程要善始善终,游戏之前使学生明白规则、游戏之中适时评价、游戏之后及时总结,正确引导学生处理好个人与集体的关系以及竞争与合作的关系。

3. 游戏脱离目标

游戏教学本来是使教学内容变得更加形象、生动而有艺术性的,然而,有的教师运用的游戏脱离教学目标,游戏内容与教学内容毫不相关,这种为游戏而游戏的做法,完全失去了游戏在教学中的意义。因此,运用游戏要目的明确。游戏是提高教学效率的一种方式,它应是结合教学目标而进行的。因此,每一个教学游戏的设计都必须服从教学内容的需要,把抽象的语言知识与学生喜爱的游戏形式结合在一起,兼备教学与游戏二者的特征。游戏的目的是"教学生学会应该学会的知识",脱离教学内容而设计的游戏,不是教学游戏,而是一种单纯的娱乐活动。因此,教师在进行游戏教学时要千万注意这一点。

4. 游戏量多质低

课堂教学中运用游戏多却效果差的现象也很普遍。有的教师上课时带领学生一个接一个地做游戏，师生双方都忙得不亦乐乎，其实学生疲于应付，而教学效果却事倍功半。因此，安排游戏要适时适量。任何一位有分析能力的教师都应该明白：进行游戏教学并不意味着整堂课充满游戏，也不意味着每一节课都非要安排游戏不可。不同的课中，教师应根据教学目标、教学内容、学生年龄特征、不同时机等具体情况巧妙安排，灵活运用各种游戏。例如，在学习身体各部位名称的单词时，教师请几个学生站到同学面前，让他们做"Touching Game"的游戏，动作既快又准确的，下面的同学拍手说"Yes"，动作缓慢且有失误的，下面的同学就耸肩说"Sorry"。然后教师又将游戏更换为另一种方式，叫作"In the mirror"。请一名同学边做动作边说"Touch your nose"等句子，让全班同学将这名学生看成镜子，做出相对应的动作，并说出相对应的句子。此时，同学们很容易地掌握了这些单词，而且游戏调动了全体学生参与的积极性，课堂气氛活跃有序，很自然地达到教学的目的。

新时期小学英语教学的关键不单纯是把语言知识灌输给学生，而是通过听、说、唱、做、游等活动使学生对英语产生兴趣的同时，对英语有一些感性认识，并养成良好的学习习惯，为高年级英语学习打下坚实基础。教师采用游戏教学，符合小学生的年龄特点，它给小学英语教学注入了生机和活力，但游戏能否起到应有的作用，还取决于教师能否根据教学内容科学合理地精心设计以及巧妙安排，只要教师牢牢地把握住游戏教学的特点，积极开动脑筋，一定会在丰富多彩的游戏中为学生语言运用能力的不断提高开拓出一片实践的空间。

参考文献

[1] 徐晔.如何科学地开展小学英语教学游戏活动[J].江苏教育，2003,000(10B): 27—28.
[2] 中华人民共和国教育部.义务教育英语课程标准[M].北京：师范大学出版社，2002.
[3] 陈琳.义务教育英语课程标准解读[M].北京：师范大学出版社，2002.
[4] 王笃勤.英语教学策略论[M].北京：外语教学与研究出版社，2002.
[5] 寒天，蒋宗尧.中小学教育教学改革全书[M].延吉：延边人民出版社，2001.

理性盘点高效教学途径
——谈小学生英语语言能力的培养

内容摘要：培养学生的英语语言能力是英语教学永恒的目标，而高效的课堂教学是教师追求这个目标的根本保证。

著名教育家赞可夫说："我们要努力使学习充满无拘无束的气氛，使儿童和教师在课堂上能够'自由地呼吸'，如果不能造就这样良好的教学气氛，那任何一种教学方法都不可能发挥作用。"小学英语教师要帮助学生打好语言基础，培养学生的语言能力，应努力营造"这样良好的教学气氛"，使英语课堂生动活跃，使学生保持兴致勃勃的学习情绪，开发他们的英语学习潜能，尽可能为学生提供、创设语言运用的情境，并鼓励学生在这些情境中对所学的语言知识举一反三、运用自如，提高其英语语言综合运用能力。高效的课堂教学是培养学生语言能力的根本保证。

高效教学途径之一：激发学生参与热情，突出学生主体地位

在英语课上，教师要培养学生的语言能力，应避免"一言堂"的现象，在立足于教材的基础上，从小学生的生理和心理特点出发，精心设计教法，多设计一些深化教材的活动，激发每个孩子主动参与的热情，让学生在活动中快快乐乐学英语。小孩子天性好动，教师应将知识融于各种活动之中，让学生在情趣盎然的活动中练习新学的知识，同时体验到一种成功的喜悦感。教师应树立"教是为了不教"的思想，改变死记硬背的机械性学习方法，使眼、耳、鼻、舌、身、意全员参与，交替互动；开发听、说、读、写、做、思综合运用语言的能力。在教学中，教师应尽量创设情境构建良好的语言学习氛围，激发学生的兴趣，但是又不能单纯依赖兴趣，教师必须在学习的过程中逐步培养学生对学习的责任意识，把学习跟他们自己的日常生活、成长、发展相联系，因为只有当学习的责任真正从教师身上转移到学生身上，学生自觉地担负起学习的责任时，学生的学习才是一种真正的自主学习，学生的主体地位才能够得到充分体现。教师在呈现新知识并对此进行练习时，创造一个良好的心理与认知环境，引发学生对新课的学习兴趣，启动学生的思维活动，激励学生尝试体验，在课堂教学中发挥教师的主导作用显得尤为重要。比如在导入新课时，教师要激发学生的参与热情，就要开动脑筋，创设情境，利用挂图、实物和简笔画等配上贴切的导语，使学生不知不觉地进入新知领域。这样，学生就会在轻松愉悦的环境中掌握新内容，实践新语言，更好地体现学生的主体地位。

高效教学途径之二：提高教师自身素质，努力活化教学内容

在平时的教学中，教师要做到活化教材，就必须要重视自身素质的提高，不断提升自己的专业知识水平，高效的课堂教学杜绝"照本宣科"。教师应在钻研教材的基础上，设计大量符合学生实际生活的语言情境，力求在课堂上对学生进行高强度、大活动量的语言训练。为了达到短时高效的教学效果，趣味性强的游戏教学显示出强有力的优势，它有利于学生巩固所学语言知识，并牢牢记住。当然利用英语游戏进行教学不只是为了让学生对英语学科产生兴趣，其根本目的还在于让学生掌握一定的语言知识和形成一定的语言技能，最终形成初步的综合运用语言的能力。为了给学生提供广阔的语言实践空间，教师在备课时，应充分考虑教学目标，根据教学内容，设计与其息息相关的教学游戏，让学生在模拟的真实情境中自然学习，感知体验，会收到极佳的教学效果。

高效教学途径之三：注重教学方法指导，提高学生学习能力

培养学生的语言能力对于英语教师来讲，其任务不光要教语言，还要教学习方法，要体现出教学的灵活性。英语教学应是学生积极参与，运用英语来实现目标、达成愿望、体验成功、感受快乐的有意义的交际活动过程。正如新课标中倡导的，英语学习应在学中用，用中学，学用结合。"用"是语言教学的目的，教师应尽可能多地用英语组织教学、用英语讲解、用英语提问，使学生感到他们所学的英语是活的语言。在这样的英语课上，学生的注意力会更加集中，精神会更加振奋，与教师的配合会更加默契，观察力和感知力可得到充分锻炼，思维能力也会在新语言的活用过程中有新的发展。使学生由"学中用"向"用中学"转变，提高学习能力的关键在于教师在"教"的同时引导学生探求获得知识的过程和方法，比如，学习英语要勤复习、多练习，复习和练习的时间、频率应够"火候"，使记忆达标、技能到位；同时又不应在具体项目上费时过多，核心是"复习要及时，练习要适度"。教师要为学生创设相关的学习情境，引导并培养学生良好的品质，如学习英语的兴趣动机，掌握知识记忆的规律、窍门以及观察事物的方法，等等。对上述方法，教师要认真帮助学生有条不紊地逐步实施。教师在教学中要充分调动学生学习的积极性，使其眼、耳、口、手、脑并用，这样对所学的语言才能记忆深刻，同时，综合运用语言进行交际的能力也会随之提高。

高效教学途径之四：坚持不断反思改进，保持课堂生机活力

古人云："思之则活，思活则深，思深则透，思透则新，思新则进。"教师经常反思自己的教学行为，总结教学的得与失，对整个教学过程进行回顾、分析和审视，才能不断提升教学素养。在每一节课后，教师应反思学习内容是否充分呈现，师生在课堂上的交流对话和合作是否充分，还需要在哪方面进行补充，课堂气氛是否融洽、活跃。值得注意的是，课堂气氛活跃并不等于教学设计合理。如果教师设计目的不明确的活动，学生积极踊跃地参加，课堂上看似热闹，实际一派"假繁荣"景象，师生只是为了活动而活动。因此，教师必须围绕教学目的进行有效的教学活动设计。教师应根据学生已有的知识水平精心设计，启发学生积极有效的思维，从而保持课堂张力。也许，学生在课堂上被激发出来的热情，会使课堂秩序受到影响，教师应在保持他们积极性的前提下进行有效管理，使课堂的有效时间被充分利用。因此，教师通过课后不断反思，根据不同的教学内容，设计各种跌宕起伏、张弛有度、环环紧扣、首尾相接的教学环节，使学生总有新鲜感，保持他们的学习兴趣，才能保持课堂教学的活力。同时在教学中给学生留出更多的时间、更多的机会进行练习；以表扬鼓励为主，使他们敢于大胆开口讲英语，并且做到练习形式的多样化，如情境表演、两两对话、课堂游戏等，营造出自由、轻松的学习氛围。学生通过充分的练习，才更有安全感、更具信心地运用语言，从而使语言能力不断增强。

俗话说："教学有法，但无定法。"教授得法，学生学习就会"对路"，教学方法丰富多彩，学习活动才会生动活泼，所以高效的教学活动需要教师付出更多的劳动，开动脑筋，活化教材，创造性地使用教材，设计有利于"学"的教学过程。只有采用高效的教学途径，才能使课堂教学放出"高效"的光彩。

参考书目

[1] 张武升.教学艺术论[M].上海：上海教育出版社，1993.

[2] Jack C Richards, Charles Lockhart. Reflective Teaching in Second Language Classrooms[M]. 北京：人民教育出版社，2000.

[3] 钟启泉，崔允郭，张华.基础教育课程改革纲要（试行）解读[M].北京：北京师范大学出版社，2003.

在小学英语教学中传承优秀传统文化，培养学生核心素养的浅思考

内容摘要： 2022年版英语课程标准的实施，让英语教师充分感受到要完成培根铸魂、启智增慧、立德树人的根本任务，培养学生的核心素养成为英语课堂教学中的核心任务。于英语教师的职责而言，一方面需要教师探寻并汲取优秀传统文化精髓，将其融入培养学生核心素养的育人目标之中。另一方面，需要教师认真解读教材，深挖内涵，再构文本，丰富语言，精心设计教学目标和活动，在学生语言习得过程中帮助他们体验并认识周围世界，理解文化差异，培养价值观念，同时学会得体交际，引导他们塑德修身，逐步具备能够适应个人终身发展和社会发展需要的必备品格和关键能力。

关键词： 优秀传统文化；融入；培养；核心素养

2022年版《义务教育英语课程标准》指出：核心素养是课程育人价值的集中体现，英语课程要培养的学生核心素养包括语言能力、文化意识、思想品质和学习能力等方面，这四个方面是相互渗透、融合互动、协同发展的。培养学生的核心素养，教师可以汲取优秀传统文化，将其融入师生教和学活动的全过程，加深学生对中华文化的理解和认同，树立国际视野，坚定文化自信。

一、深入挖掘教材，在文本再构时融入传统文化精髓

在英语教学中，培养学生的核心素养需要教师深入研读教材，适时适度地将话题、教学内容及语境中蕴含的优秀传统文化因素提炼出来并结合教学内容进行文本再构。中华民族是一个具有五千年文明史的伟大民族，古人讲的"仁、义、礼、智、信"集中体现了责任、道德是一切言行之根。教师在挖掘和拓展教材时，应依据不同的话题，在教学内容中适时融进传统文化精髓，然后进行文本再构，满足教学目标之需。例如，根据"Family""Friends"等话题，融入亲情之爱和利他大爱，宽和待人，孝亲敬长，感恩之心等"仁""爱"之教育。在"School Life""Animals"等话题中融入尊崇法治，明辨是非，乐于助人，坚持公平正义等"义"之教育。在"Activities"等话题中融入具有团队合作精神，履行公民义务，维护社会公正等"礼"之教育。在"Weather""Clothes"等话题中融入守住底线，按原则办事，又不失方法灵活的"智"之教育。"Living environment"等话题则可贯穿以大信为本、担负民族责任、国家责任、社会责

任、人类责任等"信"之教育。厚植学生的爱国情怀，使其自觉捍卫国家尊严和利益；帮助学生形成健康的审美价值取向，使其懂得珍惜美好事物；教会学生热爱并尊重自然，使其懂得保护环境、节约资源，具有绿色生活方式理念和行动。

二、精心设计教学，在传承优秀传统文化中塑德修身

英语教师在进行教学设计时，应缜密思考，开动脑筋，充分利用学生语言习得的过程，抓住契机，帮助学生塑德修身。中国先哲老子在其著作《道德经》中明确提出"七善"观点，即"居善地，心善渊，与善仁，言善信，政善治，事善能，动善时"。教师可以借鉴水的"七善"内涵引导学生学会自省自励，教会学生学习水的七种精神品性以塑德修身，学会做人做事。根据不同的教学内容将水的博施济众等品德教育融于教学设计之中。如学习"Hobbies""Subjects"主题时，应引导学生学习水善于避高趋下，心怀谦逊的态度，明确自己身上的职责和任务，学好将来服务于人类的各项基础知识和基本技能，从每件小事认真做起。要像水那样沉静深邃，有水滴石穿的毅力，在学习中培养持之以恒的精神和终身学习的意识。学习"Days of the week""Seasons"等内容时，需要引申学习水那样海纳百川的大度，懂得尊重自然规律，与自然和谐相处，与伙伴们良好相处，互帮互助，团结协作，积极配合完成各项任务。当学习"Feelings"内容之时，引导学生要像水那样言而有信，能调节和管理好自己的情绪，乐观自信，用真心、真诚、真情做好每一件事。学习"Numbers"话题时，教师要适时拓展，引导学生主动适应信息数字化时代趋势，学会像水那样善于无为而有为。而学习"School rules""Social rules"时，引导学生养成知法守法、学法用法的规范意识和行为，能运用辩证、科学的思维方式认识事物本质、合理解决相关问题。教师在实践活动中培养学生的安全意识与自我保护能力，养成健康的生活习惯；在带领学生学习、创编各种歌谣时要学习水那样善于行止有时，有奔流到海的追求，有百折不挠的探索精神，与时俱进，勇于创新，将传承与创新完美结合起来。

三、理解文化差异，在学习活动中形成价值观念

英语课程的总体目标要求培育学生的文化意识，让学生了解不同国家的优秀文明成果，比较中外文化的异同，发展跨文化沟通与交流的能力，形成健康向上的审美情趣和正确的价值观。每个国家和民族的历史、地理、生活习惯、思维方式、价值观念等不同，形成的文化规范也不尽相同，谓之"文化差异"。因此，教师要把握好教材等教学资源，拓宽学生的视野，使其增强理解，学会接纳、关

心和尊重不同文化形态和各民族的风俗习惯。如在"Greeting"主题中，学会用询问年龄的句型"How old are you?"适时得体地交际非常重要，应将尊重个人隐私的意识传递给学生，与西方人士，尤其是与女士交际时避免出现不礼貌的询问。中国自古就是礼仪之邦，素有热情、谦让的美德，当学习"Food and Drinks"主题时，教师应对学生进行适时引导：如我们作为主人与西方人共同进餐照顾客人时，询问"Would you like…?"后，如对方说"No, thanks."我们就不能再强行劝让对方吃任何食物了，如不注意对方的感受，误将"一味地劝让"作为"热情周到"，就忽视了文化差异。

作为英语教师有责任在培养学生综合语言运用能力时传播优秀传统文化，加深对中华文化的理解和认同，拥有国际视野，坚定文化自信。在尊重文化差异的前提下，大力弘扬民族精神和文化，引导学生形成正确的价值观。《礼记·大学》中说"格物、致知、诚意、正心、修身、齐家、治国、平天下"，体现了古人从个人到国家，从微观到宏观的价值追求。时至今日，我们依然把涉及国家、社会、公民的价值要求融为一体，即社会主义核心价值观。培养学生的价值观，需要教师付出诸多努力，不仅在学习中要引领学生吸纳祖先的智慧，还要在活动中帮助学生解读、接受并自觉践行社会主义核心价值观。理解文化差异，将语言知识与文化意识自然融合，语言习得与创新运用相结合，在英语学习的过程中实现优秀传统文化与世界各国文化的互鉴，使学生逐渐形成正确的价值观。

四、汲取传统美德，在活动中培养创新思维

众所周知，中华传统美德中蕴含着丰富的思想道德资源，教师要引导学生吸取其中精华，坚持古为今用，而且要有创新地传承。"司马光砸缸"的故事在中国可谓家喻户晓，司马光小小年纪却能果敢机智救人，印证了古人的价值理念和道德规范中蕴含的创新思维。学生具有创新思维，需要教师精心保护他们的好奇心，培养他们的想象力。在教学中，教师应多角度设计各种活动，积极发展学生的思维品质，使他们不只是停留在理解和掌握所学语言知识上，而是利用自己所学的综合知识，结合英语语言去创造运用。教师要为焕发学生的想象提供一切可能的契机。在英语课堂教学中，教师应尽量创设贴近生活的情境，突出学生主体地位，运用多种手段和活动提供丰富的想象素材。创新思维素材的积累是以对周围世界的观察、认识为基础的。观察力和想象力是寻求创新思维非常重要的品质。在教学中以培养观察力、想象力为基础，引导学生在观察中审美，在审美中发现，在发现中想象，在想象中探究，在探究中质疑。在活动中培养学生细心观察、学会思考、敢于质疑的能力。让他们在体验、认识周围世界的同时发展健全人格。

总之，中华文明源远流长，在不断前进和变幻的时空中，有太多的历史都在诉说着传统文化的故事。在小学英语教学中传承优秀传统文化，就是在传递先贤们宝贵的精神财富，使学生不忘本来的同时更好地开创未来。教师有责任引导并帮助学生形成健全的人格，使其具备能够适应终身发展和社会发展需要的必备品格和关键能力。虽然家庭、学校、社会都是学生永无止境的学堂，但备受关注的学校教育、教师、课程、教材等都责无旁贷地承载起这份沉甸甸的时代重任，教师要在传承优秀传统文化的路上，精心呵护学生的精神世界，用心培养他们担当民族复兴大任的核心素养。

参考文献

[1] 中华人民共和国教育部. 义务教育英语课程标准 [M]. 北京：北京师范大学出版社，2022.
[2] 龚亚夫. 英语教育新论：多元目标英语课程 [M]. 北京：高等教育出版社，2015.

润物无声言育德，情境交融话导行

在以实施素质教育为核心的课堂教学中，课堂已不单纯是学生学习文化知识的天地，教师已经从单一基本知识灌输走向全方位育人的多元教学活动。因此，在小学英语课堂教学中，教师在育智的同时，也在潜移默化地对学生进行育德和导行，使学生在领略新知的过程中，全面、健康、平衡地发展。

一、营造氛围，以情导行

在教学中，教师积极主动地创设各种情境吸引学生参与课堂活动，可使学生更鲜明直观地理解教学内容并受到深刻教育。如在讲某课时，笔者利用课件向学生展示，一只白鸽在蓝天中自由飞翔，忽然，一个人举着猎枪瞄准这只鸽子，伴随着"砰"的一声，白鸽落到了地上，翅膀流着鲜血而且眼里不断地涌出泪水。置身于这样的氛围中，学生的情绪受到极大的感染，当教师指着打枪的人问学生"Is he good?"（他是好人吗？）学生气愤地回答"No."甚至还有一位学生举手告诉大家"He's a bad man."（他是坏人）通过这个模拟情境，学生不仅明白了"Its wing is broken."（它的翅膀折了）这个句子的含义，还激起了学生热爱大自然、热爱动物的热情，更领悟了动物是人类的朋友，我们要懂得珍惜、爱护、保护它们的道理。在教学中创设一个相对真实、类似生活的情境，就是为学生营造良好的学习氛围，进而将学生引入情境，让学生思想、情感和行动体验参与，在学习知识的同时，使学生深有所悟，变老师的"晓之以理"为自己的"自明事理"，起到教书育人的极佳效果。

二、巧用图片，以境导行

在小学英语课堂教学中，教师经常采用大量直观教具，如图片、简笔画、实物等辅助教学，巧妙地利用直观、生动、形象的图片会使学生根据图片所描绘的情境、事物，很好地理解新词、新句及短文、对话的意思。例如在讲二年级教材中"kind"一词时，为了使抽象的词意变得易于理解，笔者让学生观察四幅画面生动的图片，让学生充分发挥想象感悟"kind"（善良的、和善的）的含义，如下图：

这样不仅巧妙利用生动的图片帮助学生准确地掌握了"kind"的意思，同时又使学生通过观察图片得到启示，激起他们争做懂文明、讲礼貌、热心助人的"kind girl"和"kind boy"的愿望。再如讲"Can I draw a picture here?"（我能在这里画图吗？）这个句型时，笔者向学生出示一幅一个男孩在墙上乱画的图片，然后问"Is he right?"学生摇头说："No."笔者抓住时机，指着教室的墙、书桌、窗户、门等分别问学生"Can I draw a picture here?"（我能在这里画图吗？）在学生快速判断和回答后，可以看出学生已经明白句子的意思，并强化了学生爱护公共财物、保护环境的意识。由此可见，合理、巧妙地利用图片，挖掘图片的德育因素，既能学会语言知识，又可达到给学生导行的一箭双雕之目的。

三、以身作则，以行导行

小学是义务教育的基础阶段，是一个人形成良好行为习惯的关键时期，小学生可塑性与模仿性强，容易受教师行为习惯影响。俗话说："身教重于言教。"教师要十分注重自己的言行。教师的一言一行都会对学生产生潜移默化的影响。

一次，同学们在课上汇报学习成果，运用所学的英语表演对话，由于时间关系，还剩一组同学没展示就响起了下课铃，笔者告诉学生，明天上课再请这组同学来展示，同学们高兴地回答："Ok!"第二天上课时，笔者忘了这件事，依然按原定教学计划讲课。下课后，很多同学围过来提意见，笔者猛然间意识到由于自己疏忽，导致了"言行不一"的做法。第三天上课时，笔者很真诚地向学生们道歉："I'm sorry. 昨天我忘记让这组同学汇报前天的学习成果，请大家原谅！"边说边鞠了一躬，一些学生马上说道："Never mind."（没关系）于是，笔者请这组同学完成了这项活动。这件事虽然不大，但对笔者影响却很深，如果笔者把它淡化，不了了之，很可能会打消一部分学生的学习积极性，而圆满解决这件事后，不但鼓励了学生的学习热情，还让学生懂得无论是谁，犯了错误，都要敢于认错、认真改错，这才是诚实、勇敢、正直的表现。

四、积极评价，以言导行

评价是小学英语教学活动中非常重要的环节，课堂上，学生往往有各种各样稀奇古怪的想法，这就要求教师对他们的学习行为、学习结果和反应做出积极的评价，因为每个人都有得到他人肯定的要求。适当的称赞、表扬能激励学生以更大的热情投入学习。在教学中，笔者从不吝惜赞美之词，像"Great!""Excellent!""Good boy (girl)!""Well done!""Fantastic!"（"真棒！""太优秀了！""好孩子！""做得好！""棒极了！"）等经常传入每个同学的耳中，有时哪怕学生回答错误，我也只是说"Maybe. Try Again！"（也许是这样。再试试。）或"Think it over."（别着急。）然后请他们倾听同伴的答案。这样会对调动学生思维起到意想不到的作用。坚持正面积极评价，让称赞激活学生的情绪，使他们进入兴奋状态，同时养成欣赏他人、倾听他人的好习惯。

一位教育家曾经说，播种一种方法就会收获一种习惯，播种一种习惯就会收获一种性格，播种一种性格就会收获一种命运。在小学英语课堂教学之中育德、导行，非朝夕之事，教师需要具有强烈的事业心、高度的责任感、持久的耐力和真挚的爱心，只要对学生抱有热切的期望，并经常给予鼓励和帮助，就会给学生带来安慰和鼓舞，唤起学生对教师的尊崇和热爱之情，这种情感将会迁移至学习之中，使学生产生并保持积极的情感态度，进而自觉、主动地参与课堂教学活动，更好地发展英语语言综合运用能力。为此，教师一方面要率先垂范，言行都要成为学生的榜样；另一方面也要深钻教材，努力挖掘其中的教育因素，采用灵活的方法，利用多种教学手段，创设浓厚的语言学习氛围，帮助学生了解世界和中西方文化差异，拓宽视野，培养他们的民族精神及爱国情感，形成健康的人生观，为他们的终身学习和发展打下良好的基础。

双语言并进提高

内容摘要： 本文通过对双语言（汉语、英语）学习相互促进的阐述，希望说明：(1) 双语教学应在有条件的学校开展。应逐步形成适合我国国情、校情的双语教学。(2) 在小学低年级实行双语教学有利于两种语言的共同提高。

关键词： 双语教学；双语教材；儿童；故事

一、双语教学的现状分析

现在，部分省市的一些中小学和民办学校都在开展双语教学，众多专家学者对此的看法也褒贬不一。

1. 对双语教学的界定

何所谓"双语教学"？从狭义上讲，双语教学（Medium of Instruction）是用英语为工具或讲课的语言，以英语为媒介讲授各学科知识。双语教学是英语教学的高级阶段。

从广义上讲，双语教学包括三方面：(1) 以英语为工具讲授各学科知识的教学。(2) 母语的教学和英语学科的教学。英语水平永远不会超过母语水平。(3) 用英语讲授以英语为科目的教学（English for Specific Purpose）。

2. 双语教学的师资

语言学习是一种技能和知识的综合训练，所以对教师的要求会更高。Brown（2000: 186—187）指出语言教师应该在八个方面起作用，归纳为：业务上 (1) 为学生提供语言输入，(2) 演示准确的语言输出，(3) 改进教学材料，(4) 监控学生的行为；心理上，(5) 分析学生的需要，(6) 调动学生的学习兴趣，(7) 组织并控制学生的行为，(8) 为学生提供咨询，当学生的朋友。

多数研究者认为，要想获得地道的口音，外语学习越早越好，而发挥学生年龄小的学习优势必须有高水平的教师，他们的业务素质和心理素质必须符合上述条件。在教学实践中证明一些学校缺乏适应双语教学的教师资源，双语教学步履维艰。部分有远见卓识的学校领导在社会普遍反映这个问题之前就已经开始教师的再进修和再培训工作，因此他们走在了双语教学的前列。

3. 偏离轨道的双语教学

在双语教学盛行之时，有的学校不考虑自身的条件盲目效仿，出现东施效颦的局面，给双语教学带来了许多负面影响。如个别学校的双语教学活动中，明明学生的外语水平已经达到了相当高的程度，而有的教师却只是在教学过程中穿插那么一两个外语单词，或是在无关紧要的地方加那么一句简单的英语句子，这就叫"双语教学"了。也有的干脆把数学课或其他学科的课完全上成了英语课，这种课，看起来很新鲜、很前卫，而实际情况如何呢？原来，这是经过许多次演练才拿出来的"样板工程"。这样的"双语教学"其实已经不能再叫双语教学了，可能叫"单语教学"或"英语教学"更合适些，而且，为上好这么一堂课，不知道要额外花费多少精力才行，平时正常的教学任务也不知道怎样才能完成——这样做对教学来讲有什么意义呢？

二、探索适合国情、校情的双语教学模式

双语教学如雨后春笋般在发展壮大，很多学校不断总结着自己的经验，马场道小学也不例外。自参加中国教育学会"十五"规划天津市"十五"规划"双语教学"课题实验已一年有余，在实践中我们对双语教学的目的（使学生在学习专业知识的同时提高对英语运用的能力）给予延伸，即在低年级汉语和英语的习得过程中，两种语言能力相互促进、共同提高的研究。

1. 低年级进行双语教学的优势

美国康奈尔大学的研究人员在1996年第1期《自然》上发表论文指出，儿童在学习外语时使用的大脑部位与成人明显不同，由此导致儿童掌握外语的速度远比成人快得多。这是因为大脑中负责学习语言的部位，即"布罗卡氏区"在人的幼年时期非常灵敏，人的母语就贮藏在该区域。儿童具有先天的语言学习能力。在儿童开始学习外语时，如果能给他们输入大量的语言材料，创造良好的语言学习环境，利用儿童的语言习得机制，让他们接触外语，他们就会潜移默化、慢慢地习得外语。

专家研究表明，儿童学习外语有如下优势：

发音方面：可塑性强，负迁移影响小。低龄孩子的发音器官较不成熟，发音尚处较幼稚、未定型阶段，因此可塑性更强。只要授以纯正的发音，他们便会很好地接受。再者，孩子在小学低年级期间已学了汉语拼音，这也有助于他们更快

地记住单词的发音，因为外语中的许多发音，特别是一些辅音的发音与汉语拼音是相同的。根据语言负迁移作用理论，外语学习中过分地依赖于母语会造成母语的负迁移。由于初学者外语水平有限，母语的干扰作用会很大。而低龄孩子对汉语的书面语接受得不多，与年龄较长者比较，他们的母语（即汉语）负迁移作用不明显。

记忆力方面：记忆空间大，记忆力强。研究表明，在特定时间内，对特定量外语内容的记忆，小学一年级的学生能记住75%，初中一年级的学生能记住50%，而高中二年级的学生只能记住17%。由于低年级学生记忆仓库中的"词源"不多，故其记忆空间更大，机械记忆能力更强，而且此时记忆的东西常常终生不忘。

因此，儿童学习英语的干扰因素小，可塑性强。低龄孩子顾虑少，不像大人那样好面子，所以发音练习可以很容易进行。同时，儿童期愿意接受新鲜事物，这种好强好胜的心理可以加快外语学习的进程。因此，学外语最佳年龄段是12岁以前。由此可见，低年级开展双语教学具有较强的优势。

2. "双语言并进提高"的教学模式研究

进行此课题实验前我们早已发现，英语教师容易将学科教学视作语言教学，而学科教师常因英语功底不深，容易造成师生交流上的困难。经过学习和研究，我们感到双语教学想要真正实施好，其最终的着眼点不是在英语教师或学科教师身上，而是在英语教师和学科教师的互动整合以及学科知识和语言知识的融合重组。针对这种发现，结合马场道小学的师资现状、学生状况、课程安排以及教材实施情况，我们从如下几方面切入，开展马场道小学双语教学工作。

(1) 合理利用资源

马场道小学拥有一支年轻、稳定、学历层次高的英语教师队伍，为确保双语教学实验的顺利开展，我们充分利用学校现有的资源，从英语教师做起（几经权衡，英语教师比学科教师更具优势），选派其中两名参与一年级的双语实验，以英语学科为突破口，加大课时量，创设浓厚的英语学习氛围。

(2) 开发校本课程

为了解决双语教学中出现的学科教师常因英语功底不深，造成师生交流上的困难问题，我们从开发课程资源入手，打破以往在学科课程中，翻译教材——把原有的汉语讲述得很清楚的学科知识转换成英语讲出来的形式。受汉语教学模式的启发，经多次研究，我们开设了英语语言综合实践课，其目标为通过增加语言学习频度和范围，有效地提高英语学习效率，鼓励学生积极参与、大胆表达，侧重提高学生对语言的感受和表达的能力。

(3) 努力开发校本双语教材

没有和课程教材配套的双语教材，双语教学就成了无源之水、无本之木。在实践过程中，我们感到在学生现有英语基础上开发校本英语、双语教材是十分重要的。目前学校正组织人员，参考多种语文教材的体例，着手编写融合音乐、科学、美术、数学、体育知识内容为一体的双语教材，作为英语语言综合实践课的教学依据，其结构和内容是以逻辑清晰、内容浅显、有趣的故事为主线，融合低年级各门学科的相关知识。在选择用于教学的故事时，我们主要考虑以下三方面的因素：①故事的可读（听）性；②教学主题；③儿童的年龄层次。利用故事教授儿童外语是一种卓有成效的方法。英国的安德鲁·莱特（Andrew Wright）在匈牙利用故事教授英语获得了巨大的成功。

故事对儿童具有一种普遍的吸引力。故事对儿童来说不仅是一种娱乐，也是一种很重要的学习方式，这种学习往往是儿童自发的和主动的学习。为什么儿童会对故事有如此大的兴趣呢？这可以从儿童心理发展的要求与故事所具有的特性两方面得到解释。一方面，认知好奇心是儿童喜爱故事的原始驱动力。认知好奇心是一种追求外界信息并指向学习活动本身的内驱力，它表现为好奇、探索、操作和掌握行为。儿童的生活环境和活动范围相对狭小，生活给他们所提供的信息逐渐难以满足他们的好奇心，而受生活阅历和认知水平的制约，他们不可能像成人一样从自己的经历或见闻中重组和产生新的信息。因此，儿童探索和认识世界的愿望比成人更为强烈。在满足认知好奇心与怎样满足这种好奇心之间需要寻找一条有效的途径。故事的特点决定了它是解决这一问题的有效方法。

首先，故事提供的虚拟世界打破了平淡而狭隘的现实世界的藩篱，跨越了时空界限，为儿童的想象提供了空间和机会；另外，故事本身往往具有人物性格鲜明、情节曲折生动的特点，再加上讲述者绘声绘色的表演，能牢牢地吸引儿童的注意力，唤起儿童强烈的情绪反应，使他们兴奋、悲伤、紧张、恐惧，从而丰富和加深他们的情感体验，促进其心理发育。在各种汉语语言教材中这一点体现得尤为突出，马场道小学的双语教材开发和使用也正是在此基础上开展的，在实践中我们感到，校本双语教材的开发和使用，在提高学生英语、汉语能力，创学校特色等方面都收到了良好效果。而校本双语教材的开发，是顺利实施双语教学的重要环节。

三、几点体会

"现代语言学和儿童心理学的研究一致证明，语言学习和使用的基础是智力。幼儿学习和使用母语的效率之所以很高，是由于概括和推理起了关键作用，在大脑皮层中不断生成语言结构、语言使用和语言学习的规律，因而能举一反三，闻一知十，而不是单纯模仿、鹦鹉学舌。小学生学英语也要发挥智力的作用，而智力的发挥和规律的认识是不可分割的。感性和理性、行为和认知、技能和知识一定要同步，绝不能因为强调了其中的一些方面而偏废了另外一些方面。"这是北京师范大学的胡春洞教授在一篇报告中所提到的。实施双语教学，必须创设浓厚的语言氛围，增加学生的英语输入量，增加学生听、说的机会，只有大量输入，才会自然输出，从而使学生很自然地说英语，有利于交际能力的提高；同时，还要考虑学科教学内容的掌握和学生的英语运用能力的培养。马场道小学探索实践的以故事为主线的双语教学能取得一定的效果，主要基于以下几个方面的原因。

(1) 故事教学能很好地解决小学生的学习兴趣和学习动机问题。兴趣和动机的激发在小学生的学习中至关重要。小学生的学习在很大程度上是由好奇心与兴趣诱发的。只要是适合小学生的故事，他们肯定会喜欢，会兴趣盎然地去听或去阅读。这样，小学生的形象思维与创造性联想就可以得到充分调动。教师应使小学生充分享受故事的魅力，充分利用故事激发小学生的学习兴趣。

(2) 故事能提供理想的语言输入。读物和视听资料等往往比仅针对个别语法要点进行练习更有趣，也更有效。故事能为小学生提供真实、自然、丰富的语言输入，有助于小学生习得语言。

(3) 故事突出了语言的表意功能。故事是以"事"为中心的，文句是它借以说"事"的工具。小学生可能说不出某一情节是用什么句子结构和词语来表达的，但却能说出这个情节的内容，也就是说，小学生掌握的不是词句的"表层结构"，而是其"深层结构"，即概念所指代的物体或事实。因此，听或读故事会使小学生获得英语学习的满足感，并能使他们切实体会到英语的用处。与一些单纯的字词或句型的练习活动相比，故事教学应该是更有意义和有价值的。

(4) 故事具有多种有利于掌握知识和培养能力的属性。小学生以聆听或阅读的方式来获得故事的内容，从而训练听、读的技能，包括各种听、读的微技能，如猜测、预测和推理等。听者对故事里的人物和情节总会有一定的看法，并自然地想表达自己的看法，从而培养了小学生的表达能力。故事是以语言、文字为载体的，而不是看得见的具体的事实，从而训练了小学生的想象力。故事教学重在内容，听、读故事的人不必逐字逐句理解，可以培养小学生良好的心理素质。故事富有教育意义，故事教学能寓教于乐。优美的故事能引起学生情感上的反应，丰富他们的情感体验，培养他们的良好品德。

(5) 故事能促进双语言的表达。在起始阶段的双语教学中，全英文的课堂教学可能会降低教学效率，也容易使听不懂的学生产生挫折感和畏难情绪。还是要遵循"尽量使用英语，适当利用母语"的教学原则。在运用故事教学时，应该对母语采取一种更为宽容的态度，不要使听故事的活动变为一种困难重重的语言练习活动。比如，学生发表对某一人物的看法时，应允许其在不能够用英语表达时用母语表达。有时，学生很想用汉语来告诉老师他们刚听到的故事内容，这是因为他们认为自己听懂或看懂了这些内容，希望从老师那里得到肯定的答复。教师应本着耐心、引导、鼓励的原则进行教学，讲英语故事的基本目的是培养学生的语言理解及综合运用能力，不强求他们能够立即背诵或重复所讲故事。这样才有利于促进学生两种语言的共同发展和提高。

四、结语

关于双语教学，大家都在积极探索与研究，马场道小学也正在实验过程之中，我们所取得的点滴成绩使我们坚信，只要学校结合自己的实际情况，具备一定的条件：能创设适合双语教学的环境和氛围；不断提高双语师资的综合素质；采用适当的双语教材；使全新的教学理念更好地服务于课堂教学和课内外活动，在这种情况下开展的双语教学才会有的放矢，才能使学生两种语言能力共同发展，同时大批适应我国当前经济发展要求的复合型人才也将在这样的摇篮中诞生。

参考文献

[1] Spolsky B. Conditions for Second Language Learning [M]. 上海：上海外语教育出版社，2000.
[2] 刘润清，胡壮麟. 外语教学中的科学方法 [M]. 北京：外语教学与研究出版社，1999.
[3] 盛德仁. 双语教学模式探究 [M]. 北京：外语教学与研究出版社，2003.
[4] 张志远. 儿童英语教学法 [M]. 北京：外语教学与研究出版社，2002.

小学英语教学中教具的使用与制作

英语教学活动是在大量实践过程中进行的。在这一过程中，既有学生的积极参与，又有老师的启发引导。重要的是在这一练习与操练的过程中要始终体现出语言本身所固有的特点——情境性、交际性和趣味性。如何在缺乏语言环境的条件下，创造出一种情景交融、活泼生动的学习氛围，激发学生的积极性，使他们轻松愉快地学习新知识，是每一位外语教师的基本功。而教师合理巧妙地运用和制作教具，则是辅助教学任务顺利完成，达到预期教学效果的重要条件。

随着电化教学设备的不断更新和完善，幻灯、录像、录音等电教媒体被越来越多的教师应用于课堂教学之中，在小学英语教学中显得尤为突出。如何使用和制作这些体现现代化教学手段的教具，是摆在我们面前的一个新课题。

小学外语课堂教学由5个环节所连接。1. Revision（复习）2. Presentation（演示）3. Drill（操练）4. Practice（实践）5. Consolidation（巩固）

一、复习

复习就是进行常规性的口语练习。在有限的几分钟内，教师可通过图片或实物进行问答练习，也可以安排学生结成口语小组进行分角色会话表演，以营造一个热烈的语言环境，使学生感到熟悉、亲切，帮助他们尽快回想起学过的单词句子及对话，避免了学生的紧张心理。学生结组分角色表演时，可根据角色的需要戴上头饰，或穿着角色需要的服装，拿着对话内容所涉及的道具，这样使学生沉浸于师生共创的语言情境中，在学生表演时起到内在提示作用，胜过教师的言语提示。如果在复习阶段教师不使用任何教具，势必造成简单、乏味、枯燥的开局，新课的内容再精彩，学生也不可能以饱满的热情投入学习新知识的气氛中去。俗话说："良好的开端是成功的一半。"在每次复习的时候教师都提前把与新课相关的内容及教具提供给学生是十分必要的。其目的在于：1. 检查学生学过的知识，及时反馈纠正。2. 为学习新知识做积极的口头和心理准备。3. 让学生在复习旧知识的基础上，体验获得成功的喜悦。经过长时期的训练，既能培养学生逐渐养成课前准备道具或模仿教师自己制作教具的习惯，又避免了教师制作的教具被学生传来传去分散注意力，从而充分发挥了教具的功能。

二、演示

在第一步复习阶段，合理使用直观教具，教师大都可以达到上述三个目标。在教学中通过深挖教材，根据不同的内容，设计具有吸引力的教具，巧妙地利用录像、录音等手段，让"复习"起到"抛砖引玉"的作用，从而自然过渡到新课的学习。在讲授人教版教材第四册 Lesson 5 一课时，教师设计复习时让学生自备学具，进行与本课新内容有关的对话表演。当最后一组学生进行表演，谈论照片时，教师自然插入：Oh! It's a photo of your family. How nice! I have a photo, too. Look! 教师边说边把提前制作好的照片贴到黑板上，学生一眼看到的却是空白画面。正当他们感到奇怪时，教师带上本课主人公 Bob 的头饰，说：Hello! My name is Bob. I am an English boy. 然后抽动照片上的"机关"，照片上立即出现了一个个人物，学生们的注意力都集中到了照片上，透过他们充满猜想的眼神，可看出他们迫切希望了解照片上人物情况的心情。在讲授这一课时，这样制作教具，才能体现英语教学的情境性。有些新课的导入则需教师精心设计导语，并与电教手段有机地结合起来，使学生不知不觉地进入教师创设的语言环境。比如在讲第四册 Lesson 8 一课时，通过前面的口语练习，学生表演对话，引出学生的问题：Where are my shoes?（我的鞋呢？）教师到学生面前：Don't worry. Let me help you!（别担心。我来帮你！）在说话的同时，用遥控器发出信号，细微的动作几乎没被学生发现，教师话音未止，电视上便出现了一个男孩在房间里找东西的画面，当镜头停在房间门上时，教师立刻提问：Are they behind the door? Oh, yes. Here's one shoe. But where's the other one?（他们在门后面吗？哦，是的。这里有一只鞋。但另一只在哪里？）于是镜头又在房间里搜寻，终于发现在椅子下面有一只猫，猫的旁边有另外的一只鞋。学生对课文情节很快便领悟了。就这样，教师带领学生迅速进入新课的学习。教学实践表明，师生自编、自导、自演的短剧，搬上屏幕，运用到外语课堂教学之中，创设了新颖的语言情境，充分调动了学生的学习积极性和参与意识，使他们的视觉、听觉和情感都处于兴奋状态，进而激发了学生的表演欲，活跃了学生的思维和想象，使学生把所学知识融会贯通，并灵活运用语言材料进行生动地表演，体现出外语的交际性特征。所以，采用自拍短剧的方式运用于教学，对导入新课、突破教学过程中的难点、提高学生学习会话的兴趣、活跃课堂气氛都起着不可估量的作用。

三、操练

在这一教学过程中，教师首先要通过讲解演示所应掌握的知识，使学生明白后，才能进行练习与操练。对有些较抽象的语言知识，教师要想方设法，杜绝用母语做中介，采取一定的教学手段来使学生意会。比如在讲人教版教材三年级第二册 Lesson 38 课时，对话中有这样的句子：Where are you from? I'm from China. I'm from England. I'm from America. I'm from Japan.（你从哪里来的？我来自中国。我来自英国。我来自美国。我来自日本。）在讲解时，很难用动作把句子的意思表现出来，教师可设计并制作简洁易于操作的四幅图片，边讲解边慢慢地演示，学生便很快明白了句子的意思。

教师指着第一幅图，问：Where are you from? 并抽出左面的条幅。然后再抽出右面的条幅：I'm from china. 学生看到中国国旗以及中国地图，立刻把人物与图联系起来，对 I'm from china 的意思也能意会出来。再通过后面三幅图的演示，学生自然明白本课 "Where are you from?" 这个四会句型的意思了。从以上看出，适当的采用图表教学，既可以系统归纳总结学生以前学过的知识，又可以展现新知识，帮助学生把抽象的概念理解得更具体，培养他们用眼观察，动脑思考的能力，为他们能更好地运用新知识进行交际打下坚实的基础。当然，讲解同样的内容也可以利用幻灯，但幻灯片的制作程序复杂，周期也较长，虽然能达到预期的效果，为什么取上述方便可行、制作简单的图表来完成教学任务呢？

教具是服务于课堂教学之中的，如果它失去了简洁易行的特征，也就不可能被广泛应用于每一节课堂教学之中。

四、实践

当学生在第三步教学环节中，做了大量的模仿与跟读练习以后，对所学语言材料已初步掌握。这时教师应该因势利导，让学生放开手脚，为他们创设一个或几个情境，充分发挥他们的想象力，使新旧知识融为一体，自己组织语言进行交际。教师可利用教学挂图、简笔画、幻灯、图片、实物、录像、录音等多种形式展示交际，让学生兴趣盎然的投入亲身实践中。教师在这一活动中应充分重视对学生能力的培养，针对不同学生提出不同的要求：能力稍弱的学生，只要求他们在原有语言材料的基础上，用另外的词或短语替换某个部分；能力居中的学生可替换几个部分；而对能力稍强的学生则要求他根据教师提供的教具所展示的情景发散思维，自编对话。这样，在课堂中既调动了每个同学的积极性，又让语言的趣味性和灵活性得以展现。教师在这一环节中使用教具展示情境有其自身的奥妙。一般来说，一种教具服务于一个教学环节，但如果教师注重把教学内容及教学环节做横向联系，那么有些教具就可显示出推陈出新的魅力了。比如在讲人教版教材三年级第二册 Lesson 17 时，学生做口语练习是根据教师在黑板上画的简笔画来表演对话的，为学习新课作准备，充分练习"What's this?" "What's that?"。当引入新课后，这几幅图便"沉默"在黑板的一角，可是当学生进行亲身实践这一环节时，教师重新指向这几幅图，并在外面画了一个图框，原来的简笔画就变成了图片里的内容（见下图），学生又很自然地仿照新课，根据新情景来创编新对话。所以只要教师开动脑筋，钻研教材，就可以大大提高同一种教具在课堂教学中的利用率和效益。从而体现教学过程环环相扣，步步相连的教学设计。

五、巩固

这一环节包括两项内容：1.课上的书面练习。2.课后的作业布置。幻灯在这一步教学中，可以充分展现它的作用，教师可以把学生做的书写练习打到屏幕上，题量多少无关紧要，关键要体现"重点突出，检查落实"，也就是对所学内容及时反馈。利用幻灯有两个优势：1.省去教师在黑板抄题的时间和辛劳。2.更换题目和订正答案都比较方便。而在每次布置作业时，采用幻灯和投影的方式，把要留的作业要求写到幻灯片上，旁边加上背景修饰，或选用用过的贺卡，以朦胧效果为背景写上作业要求，然后放到幻灯或投影仪上展示给学生，让学生一目了然，通过这个经常被教师遗忘的不起眼的教具，使学生受到美育教育，同时也是潜移默化地培养学生的审美能力。

在整个教学过程中，合理使用录音机可以衔接教学环节，调节课堂教学气氛，还可以掀起教学高潮，从而充分调动学生学习的积极性。比如，在课前或学完新课后可以利用录音机穿插英文歌曲或游戏，学生在练习自编对话和做书写练习以及参加各种形式的比赛时，放一些音乐做背景，有利于缓解喧闹和紧张的气氛。总之，在小学英语教学中，教具的使用要合理、适度，要因教学内容变化而变化，要以调动学生学习兴趣为起点，以满足他们的求知欲望为目的，这样才能辅助教师突出重点，突破难点，顺利完成教学任务，达到预期的教学效果。

小议语音教学

在进行英语口语实验班的教学工作中，常遇到学生模仿教师发音不准确的情况，开始的时候，有些着急，甚至有时还责怪学生模仿力较差，后来经过冷静思考与分析，才发现，笔者面对的学生再不是以前天津的孩子，而是一群与北方孩子有明显差异的潮汕子弟。受他们浓重方言的影响，在学习英语时，自然会遇到语音障碍，导致一些单词发音欠准确的情况时有发生。

某学期在实验班的教学内容中，增加了48个国际音标的新知识，而且针对学生发音的弱点，笔者在课堂教学中特意设计了语音练习的教学环节，每节课都利用一定的时间强化训练。经过上学期的教学实践，笔者找到学生学习单词时，发音不足的音域。涉及摩擦音和破擦音时表现最为明显。所以在学习音标时，先让学生掌握发音要领是很关键的。例如摩擦音 [ʃ][ʒ]，发音时，软腭抬起，堵住到鼻腔的通道，舌尖和舌端太性抬向上齿龈较后部分，舌身两侧紧贴上腭，中央形成一条狭长的通道，上下齿靠拢或靠近，但不能咬住，气流由舌端与上齿龈较后部分间逸出，引起摩擦，形成清辅音 [ʃ] 或浊辅音 [ʒ]。在了解发音方法以后，我耐心地给学生示范发音时的口型，所以大部分学生能准确地掌握发音的要领并能正确读出所要学习的音标。再如学习破擦音 [dʒ][tʃ][tr][dr][ts][dz] 这几个音时，发音最困难的是 [tʃ] 和 [dʒ] 这两个音，不过熟悉了 [ʃ] 和 [ʒ] 的发音方法，这两个音就比较好把握了，要领在于，把软腭抬起，舌身形成发 [ʃ] 音的姿势，但舌尖和舌端抵住上齿龈，形成阻碍。发音时舌尖和舌端以发 [ʃ] 或 [ʒ] 的动作解除这个阻碍，使爆破音与 [ʃ] 或 [ʒ] 音几乎同时发出，由此产生清辅音 [tʃ] 或浊辅音 [dʒ]。但是由于学生们受潮汕话的发音限制，发这两个音时舌尖的位置摆不好，因为是舌尖后音，所以舌尖往后卷起，舌尖指向上腭的一块小肉，就可以发音正确了。为了防止一些学生舌尖位置太靠前或太靠后而造成发音模糊不准确的情况，在教学中，笔者加大练习的力度，强化训练，设计了很多拼读练习，例如 [lɑ:dʒ] [dʒɑ:] [dʒei] [dʒɔb] [dʒʌdʒ] [tʃɛə] [pi:tʃ] [ti:tʃ] [tʃi:t] [lʌntʃ] [tʃə:tʃ] 等。经过一段时期的训练，学生们逐渐掌握了一些发音要领，原来经常混淆的 [z] [ts] [s] 和 [dʒ] [tʃ] [ʃ]，现在不仅能区分开来，而且在 [dʒ] [tʃ] [ʃ] 这几个难度较大的卷舌音发音方面有了显著进步。

总之，培养学生良好的发音习惯，不是一朝一夕所能解决的，在教学中，教师要精心设计编排语音练习的教学环节，由浅入深，由易到难，由简单到复杂，循序渐进，要让学生在掌握正确的语音的同时，体验到自己在不断进步，与教师的发音距离在缩短，越来越像教师的发音，甚至一开口就能模仿得很正确。这样学生们不但学起来很有信心，而且越学越爱学。语音教学实践告诉笔者，要使学生对英语保持浓厚的兴趣，关键在于教师要耐心细致地帮助学生克服在任何学习环节中所遇到的困难，让他们看到成功，充满自信地迎接新知识。

英语课堂5分钟口语训练分层教学初探

语言是一种技能，是一种习惯，语言教学实际上是一种技能的训练过程，也是一种习惯的培养过程，小学英语教学的总任务是，着重培养学生的学习兴趣和良好的学习习惯，要求学生掌握最基础的语言知识和语言技能。因此，要在有限的教学时间、教学空间，在大班授课形式中获得良好教学效果，即当堂教懂并教会全班学生，那就必须在语言训练的内容、训练步骤、训练方法、训练手段和训练形式上下功夫。通过这几项内容的优化组合，创造出科学的分层教学模式，分层教学应渗透在整堂课的每个教学环节之中，仅以英语课常规5分钟口语训练为例，谈谈对分层教学的初步认识。

在教学中笔者坚持听说训练的同时，给所有学生创造运用语言的机会。听说是理解、表达和传递口头信息的交际过程，对话是一种双向的语言交际活动。在英语教学中要通过听、说训练帮助学生学会正确的英语发音，并培养学生具有一定的语言交际能力，这就需要教师必须在课堂上创设情景，创造各种机会对不同层次的学生进行听说训练。

众所周知，任何科目的课堂教学环节第一步都是复习，英语课的复习环节表现形式为常规性的口语练习，时间约为5分钟左右，笔者认为这短短的5分钟在整堂课的教学中会起到四两拨千斤的作用。它既是对旧知识的归纳总结，又是学习新知识的开始，学生是否对整堂课产生浓厚的兴趣，5分钟的口语训练起到非常重要的作用。

俗话说"良好的开端是成功的一半"，每节课笔者都坚持5分钟的日常口语会话训练，为了保证教学要求落在实处，避免口语练习流于形式走过场，每节课备课的时候对口语训练的要求、内容、形式上都做了部署及目标规定。班里的学生分成三类，即优秀生和中上等生为A组，中等生和中下等生为B组，学困生为C组。为了满足不同层次学生的需要，对口语训练笔者做了如下安排：

一、根据教学内容确立口语训练内容及口语训练目标

1. 口语训练内容的确立

在讲授新课之前，笔者反复钻研教材，把本课要讲的新知识层层剖析，句句分解。

(1) 找出新单词并搜寻以前曾学过的与这些新词含有相同元音音素的单词，列出单词表。

(2) 根据新课文的对话内容，收集以前学过和本课有关的对话，列出对话题目。

做好这两项工作之后确立本节课的口语训练内容，围绕有关词汇以及对话展开练习。其目的之一是让学生对所学过的知识有横向和纵向的联系，而不是简单重复上一节课学过的知识。目的之二是使学生温故而知新，在复习旧知识的同时，嗅出即将呈现的新知识的味道。目的之三是让不同层次的学生在学习新课之前做好心理及口头上的准备，为学习新知识做了自然的铺垫。

2. 口语训练目标的确立

C组学生通过口语训练，掌握最基本单词的发音及对句型的语音语调有正确的语感，能进行简单对话交际，为学习新单词、句型和对话做好充分准备。

B组学生通过口语训练，不仅掌握单词句型的正确发音，还能体验这些单词及句型在不同情景中对话的意思及效果并会实际表演。

A组学生通过口语训练，不仅掌握所学过的词、句，能表演对话，还能运用所学的知识扩展、创编新对话。

二、根据教学内容及教学环节的设计确立口语训练形式

每堂课的设计笔者力求创设一个完整的情境，在整个情境中出现一个个的小片段，而这些步骤又是自然衔接，使教学环节自然过渡，尤其是在复习和呈现新课这两个环节上，使学生在复习中不知不觉地进入到新知的领域。所以口语训练的形式需审时度势，随教学内容变化而变化，随教学环节需要而确立。

1. 值日生当小老师

每天从A组学生中选出一名同学，主持5分钟的口语训练，按老师事先布置的问题进行提问，对话练习内容与本课有紧密联系，由易到难，适当的时候老师可以给予帮助，使每个同学都有收获。

2. 老师、学生易位

确定对话范围。每位同学都是老师。老师做学生，需回答每位同学提出的问题，或扮演需要的角色，协助同学完成对话。

3. 表演对话

课前布置做好准备。C组表演基础对话，B组表演替换对话或自编对话，A组表演自编对话。这样即能很好地利用了时间又能保证效果。

4. 竞赛开场

三组同学之间展开词、句、文的竞赛。在有限的时间内看哪组能根据老师的规定，快而有序地完成任务。

5. 明星搭档

老师提前布置对话题目。三人一组（即A组、B组、C组各出一名代表自愿结成一组）共同表演一段对话，这样打破了组的界限，调动了每个同学的积极性，他们会刻苦练习为成为明星组做好充分的准备，迎接5分钟口语训练。

总之，根据教师本人上课的需要还可设计更多的口语训练形式，但原则是建立在实事求是的基础上，让每个学生在开始的5分钟内找到自己的兴奋点，以增强他们的自信心和进取心，完成整堂课的教学任务。

笔者所任教的三年级两个班是英语实验班。经过两年多的学习，班里学生的成绩已经出现了明显水平差异，所以分层次教学势在必行。由于刚刚起步，处于摸索阶段，铺天盖地去做会没有重点，不分主次，因此笔者决定采取以点引线、以线带面的做法，以5分钟口语训练为基础展开分层次教学。经过一段时间的实践，确实收到良好的效果，短短的5分钟，精心设计，特意安排，分层照顾会起到事半功倍的作用。在今后的教学中笔者力争把分层次教学贯穿于每个环节之中，使学生在课堂上就像吃自助餐一样，各取所需，各有所获，使不同程度的学生都感到"吃饱吃好"。

管理篇

谈"无为而治"的校园管理

初冬时节，踏进广西南宁东葛路小学的校门，迎面扑来"春"的气息，我们尽情享受着这里的温暖。地域不同，相同的琅琅读书声却不绝于耳。邓永翔校长热情地接待了我们，她先进务实的管理理念，流淌在朴实的话语之中，字字句句无不触动着我这个管理者中的新手。邓校长的报告让笔者回味无穷，她列举的每一个故事都能引发笔者深思，一个只有9年建校史的小学校竟然发展如此之快，在全省名列前茅，让人不得不佩服校长的前瞻思想。

几千年前，老子提出了"无为而治"的理论。邓校长的管理思路恰恰与其有相似之处。其实，"无为"并非不为，"无为"是不违反自然规律，它提示我们要顺应事物发展规律去施行管理才能够取得成功。

美国研究界认为，处于领导和管理岗位上的人，必须具有在岗位上有效行使权力的能力。"有效"是基于管理者被下属认可的程度，他们的专业知识技能必须为其管理能力奠定良好的基础，他们应用自己渊博的学识和高尚的职业操守带给下属尊重、自由、民主、平等、理解、关怀、信任，让下属时刻感到安全、自信、备受关注，这样才有可能产生最佳管理效应，从而达到"无为而治"的管理境界。

"无为而治"的校园管理需要秉持"以师为本"的理念。我们知道，学校的发展要靠管理者和教师的共同努力来完成。东葛路小学的发展正是体现了这一点。管理者要做的是尊重教师的价值，开发教师的潜能，满足教师不同的合理需求；同时，学校管理的关键就是对教师队伍的培养和对教师的使用，在培养和使用的过程中切实关心教师的思想、业务学习和进修，帮助他们不断进取，教育教学能力与艺术不断提高。教师在工作中产生价值感、成就感和幸福感，才会保持身心状态和工作质量良性发展，从而保证学校、教师、学生整体自然和谐的发展。

"无为而治"的校园管理需要树立"自主管理"的意识。管理者要通过学校各种精神、物质等软硬件建设促使教师在思想、行动上与学校发展同步。教师只有真心领会学校的各种制度与发展规划，将其内化为思想，外现为言行，才能逐步自觉树立起主人翁意识。管理者应将教师的认识引领到学校发展的办学理念上，发动教师群策群力参与学校管理，共同制订学校总体发展规划，使教师体会到参与的价值和主人翁地位。同时，积极鼓励教师围绕学校发展的总目标制订个人发展目标，并努力将集体与个人目标紧密结合起来。高明的管理就是要找到促进双方目标平衡发展的支点，在实现学校发展目标和教师个人发展目标的进程中，调动教师的工作积极性，挖掘其潜能，使他们各尽其能、各守其职、各得其所、各享其乐，不断增强教师的责任感与使命感，形成自主管理的意识和氛围。

当然，如果将校园管理变成强行的命令与制度，管理者就无法被教师认可，管理将自然失去运作的载体，管理无形中演变成自上而下的训教，而非自下而上的认同与接受。教师会把自己排除在学校的发展之外，淡忘了在学校发展和学生发展中寻求自身发展的空间。此时，管理将化为一潭死水。邓校长言谈话语间流露出管理者与教师之间需要有一种真情、一种信任，学校的凝聚力自然会形成。"无为而治"是顺应教师发展和事物发展规律自然形成的管理意境。它无需任何修饰与雕琢，它是一种真实校园文化的积淀，流露出管理者与教师之间春泥护花的真情，而管理者与教师的人格、事业心和集体荣誉感恰好为这种真情提供了天然养分。

此次广西之行，收获颇丰，思考及联想到的一些东西更是意外收获，笔者将以此为契机，把学到的经验不断用于自己的工作之中，使自己的管理更加成熟。

角落里的人文关怀
——从管理角度谈"学访收获"

2011年11月中旬,由教育局党委刘书记带队,我们一行20人远赴重庆,走访了重庆知名学校——人和街小学和合川中学。身为小学校长,自然对人和街小学格外关注。当看到肖方明校长时,又拉近了这所学校与笔者的距离,因为早在2006年作为同一个项目的学员,我们都参加了在美国开展的校长跟班培训活动,所以5年后在这样的情境中进入他所工作的学校,无形中增加了一种亲切感。校方派了一位女主任接待我们,并带着我们参观了学校整体环境。从进入"人"字形造型的大门开始,到每一层楼的走道,无处不感受到一种人文关怀。学校以"人和为魂,和谐育人"为办学理念,以"两江融聚,人和教育"为校园主题文化,形成了"居儒典雅、身正学高"的教师文化;"品德高尚、睿智灵动、强体健魄、尚美唯新"的学生文化,致力于实现"享受人和教育,奠基幸福人生"的教育理想。

说实在话,学校工作大同小异,但细微之处往往更能体现一种真实的精神实质。参观过程中,"关注细节"成了笔者的中心任务。无意间,一个不起眼的角落吸引了笔者,伫立在那里的是一个高大透明的失物招领柜,里面的物品摆放得整整齐齐,从柜子外面看一目了然。正是这个躲在角落里的柜子让我联想起管理中的"人文关怀"。

"人文关怀",简单理解就是对人的关怀。"人文"是一个内涵极其丰富的概念,"人文"与人的价值、人的尊严、人的独立人格、人的个性、人的生存和生活及其意义、人的理想和人的命运等密切相关。学校真正的人文关怀就是对每一个人的关怀,不管这个人是怎么样的人,他来自哪里,经济、家庭处境如何,道德如何,等等,都应当给予应有的人文关怀。学校角落里的柜子充分体现了他们在育人过程中对每一个学生的人文关怀,学生们会觉得不小心丢失的东西都能被学校以这种方式保存起来,说明学校给予了自己充分的尊重和爱护。这突显了教育过程中对全体学生一样的关注,进而多层次多角度地欣赏每一个学生,培养学生对社会和他人的爱心等良好道德情操。同时也激发了学生的感恩意识,饮水思源,对那些让大家今天的一切成为现实的人,学会心存感激,弥补了育人过程中长期缺失的尊严和爱心教育。小柜子，大内涵，可能正是这个不起眼的柜子散发出浓浓的爱意，抚慰着一颗颗稚嫩的童心。

学校的科学管理，其实质是指校长运用一定的科学原理和方法，在特定的条件下，合理配置教育资源，引导并组织教师完成教育任务，是实现帮助人进步的一种活动。学校里的人文关怀，就是按照不同人的不同需求，有序和谐地进行不同层次的管理，是促进人的全面发展，调动人的工作积极性和主观能动性的管理，是管理的较高境界。让教职工感受到学校大家庭的温暖，倡导"激励、欣赏、分享、快乐、幸福"的文化理念，使每个教师的个人价值得以体现，减少和削弱个人的弱点、弱势，放大和增强个人的优点、优势，提高学校管理效果，这应该就是学校管理中的人文关怀。

实施科学管理与人文关怀相结合的学校管理，使全体教职工对学校的办学方向、办学理念、办学目标达成共识，增进向心力、凝聚力与战斗力，追求的是关注人的主体性需求的管理，是学校发展的源动力，是组织行为与人的主体性的有机结合。其目的是通过满足不同人的不同需求，激发其积极性和创造性，构建并扩大学校的发展优势，为学校的长足发展做保障。因此，科学管理与人文关怀相结合方能使得学校与教师、教师与教师、教师与学生、学生与学生同步协调发展，营造和谐的学校环境。众所周知，在中国哲学中有一个非常重要的观点，就是儒、道所讲的"和"。所谓"和"就是无论两种事情完全相同还是完全不同，在一定的社会关系范畴内都要讲一种和谐状态，即世间万物归根结底都要向着和谐的方向发展。我想，肖方明校长或许正是把握了科学管理与人文关怀相结合的技巧，才得以将人和街小学办成具有浓浓文化气息的和谐育人场所。

作为学校要创设一种人文关怀的境界，并重视培养学生的人文情怀。要想使教育内化为学生的人格，转化为学生的信念，就必须让学生吸收丰富的人文精神养料。为此，人和街小学在肖方明校长的带领下，遵循"人本"教育思想，构建了"和谐、活泼"的学科教学模式，建立并完善了教育科研管理制度，把科研兴校落到了实处。面对激烈的教育竞争，学校以课程安排合理、升学率高、教学质量过硬、学生基础知识扎实、后续发展能力强而受到社会广泛赞誉。人文关怀，离不开和谐的领导班子以及和谐的教师队伍，这也是实现"人和为魂，和谐育人"办学理念的强有力支撑。

此次重庆之行，可谓一次学习之旅，收获很大，意料之中的是学到很多人和街小学的办学经验，意料之外的是在旅途中从各位领导那里淘到很多思想之宝，丰富了笔者的办学理念。另外，从肖方明校长身上也学到很多东西，如宏观掌控学校、中观带好班子、微观带动教师的科学管理思路，切实感受到人文关怀是他实施管理的生命线。所有的这些收获对笔者个人的成长将会起到很大的指导和推动作用，与此同时为我校今后的发展奠定了坚实的基础。

我眼中的澳大利亚——对比中澳小学教育

初到澳大利亚，就感受到当地人的纯朴与热情。说来很凑巧，8月14日那天，恰好是笔者三十四岁生日，我们学访团一行17人由天津出发，历经20多个小时的飞行，于15日清晨抵达悉尼。下了飞机，海关人员查看护照时，微笑着对我说："Happy Birthday!"始料不及的问候使我难以形容当时回答"Thank you"时的表情，但激动的心情却扫平了一路的疲惫。没想到性格粗犷的澳大利亚人工作竟是如此周到细致。

澳大利亚所到之处，印象最深的地方莫过于悉尼，那里有美丽的海滩、繁华的商业区、古老优美的建筑和安详平和的气氛。最值得一提的还是那里的教育。

澳大利亚的学校分为私立、公立和教会学校三种。所有学生上学时间为上午9点至下午3点，其中夹杂着上午茶和下午茶，中午不回家，自备午餐。小学一节课的时间一般为25—30分钟，每天的课程包括语言、数学、音乐、绘画和体育等科目，每班人数限制在30人以内，上课多以讨论为主，课堂作业基本当堂完成，学生很少有家庭作业。为了使课堂教学更接近生活，老师们把自己的教室布置得很生活化，随意而不缺情趣。教室就是办公室，也是老师和同学们的家，从某种意义上来说，教师本人的形象和他的"家"，也是给学生树立的一面旗帜。

澳大利亚的学校有很大的自主权，学生有很大的自由。校方的自主权表现在不受任何教学大纲的限制，课程一部分是固定的，另外一些编排自由，学校可根据学期进展的情况、家长的建议、突发性事件等随时调整教学内容、教学安排和教学方法，因而具有很大的灵活性。孩子们从中享受到的自由，在很大程度上满足了他们的好奇心，激发了他们的学习兴趣。如他们可带各种玩具、零食等去学校和同学们一起分享。因而，孩子每天回家都有很多新鲜有趣的事可讲，每天都觉得兴趣盎然。

注重孩子个性发展和创新意识的培养是澳大利亚小学教育很重要的内容。孩子们新的解题方法、新的构思、新的设想都会受到表扬和鼓励，并得到老师和校方的极大重视，老师会因为实现某个孩子与众不同的一个提议而在班里甚至全校范围内展开专题讨论，学校会为实现某个孩子比较有创意的小制作而不惜财力和人力。

因此，澳大利亚小学的办学可概括为以下几个特点：开放性强；自由度高；培养意识超前；注重团队精神的培养；注重个性发展和创新意识的培养。

我们的教育、我们的学生跟他相对比存在着很大的差异。从知识面的广博程度及基本功的扎实程度来看，中国的孩子远远超出了那里的孩子。在澳大利亚小学的中国学生，尤其是二、三年级之后再转过去的学生，无一例外都是班级里的尖子生。然而为什么到了本科、研究生阶段，中国学生除了被老师认为是班级里最用功、最勤奋之外，其他的优势却不复存在了呢？当然，原因是复杂的、多方面的。不可否认，中国和一些西方国家之间存在着人口、家庭教育模式、社会体制、就业状况、经济状况、文化背景等方面的差异，但稍加探究就不难看出，中澳两国不同教育模式反映着两种不同教育理念的碰撞。

一、理论基础上的差异

从总体上来说，澳大利亚小学教育以建构主义理论为基础。建构主义的系统观点最早是由心理学家提出来的，是以人的心理活动过程和规律为基础的。著名的代表人物有美国心理学家凯利、皮亚杰和美国建构主义者冯·格拉塞斯菲尔德，他们认为："儿童是在与周围环境的相互作用中，通过主体的活动构建自己的知识宝库的""个体通过理解重复发生的事件独自建构知识。知识与其说是客观的，不如说是个体的、适应性的""知识不是被动吸收的，而是由认知主体主动建构的"。因而，他们在教学中普遍使用发现法、探索实验法，让学生自由探索，自己发现规律，老师很少干预。而我国则普遍使用讲解、演示和让学生按指令操作等方法，很少使用探索实验法，强调老师在教学过程中传授知识和解释疑问的作用。因此，我国的教学方法是行为主义的表现。在行为主义看来，知识存在并独立于个体之外，因此教学活动的主要目的是向学生灌输前人所建立起来的知识技能体系。

二、知识获取过程不同

以"科学"教育为例，中澳两国科学教育侧重点有着明显的差异。我们重视的是对现成概念的解释、现成知识的传授和具体事实的认识，而对科学探索过程的技能、科学态度或价值观的形成却没有足够的重视。而澳大利亚则注重科学探索的过程，让学生认识科学家的活动过程，而不是他们活动的成果；侧重让学生通过科学探索总结经验和规律，而不是在探索之前就直接告诉他们。科学探索的过程是个性释放的过程，同时也是一个需要勇气、独创性和批判思维的过程，因而有助于锻炼人的意志和品质。

三、品德教育的方式不同

我国小学开设了一门思想品德课，顾名思义，它是对学生进行道德品质教育，但仅仅局限于课堂上老师的职责。澳大利亚小学没有设置这门课程，但并不说明他们不重视品德教育。恰恰相反，他们的品德教育比我们的范围更宽泛、形式更丰富多样、效果更显著。澳大利亚小学的品德教育是一种全民的、自觉的教育形式，不仅仅局限于家长、学校。他们通过传统的文化教育，推进校园文化的多元化；通过组织文体活动培养学生健康的身心素质，在重视个性发展的同时强调集体主义和团队精神。

四、开设个人发展课

个人发展课是一门与生存教育有关的课程。内容涉及个人、人群、人与人、人与社会、人与自然以及人类如何生存、如何健康生活。从日常生活习惯，与家人、朋友相处，交往礼仪，自我防护意识，独立、环保意识等做人基本道理开始，有专门的教科书，每个学年都不同，内容丰富，涵盖面大。

五、领袖意识的培养

澳大利亚从幼儿园起，就锻炼孩子在众人面前演讲的能力。在小学，一般每天安排10~15分钟。有时是全校学生集合在一起，学生上去讲个故事或叙述一件所看、听到的事件，或者给同学们留下教育意义和思考，或者带来开心和乐趣，最终要使每位观众被打动。

在澳大利亚的每一天，笔者都在感受着一些新东西，都在思考着。走在澳大利亚，到处都可以看到中国人，想必在其他国家也是如此。中国人总有一天会"占领"这个世界，但是目前，我们不得不承认我们还需要向别人学习，技术上的要学习，观念上的更要学习。当然，中国自有特殊的国情，但有很多东西是我们在教学过程中忽略了或未能引起足够重视的。扬长避短，我们的教育一定能赶上并超过世界发达国家的。

告别澳大利亚，踏上归途，我们留下了不尽的思念。思念那些狭窄幽静的街道，思念那令人心旷神怡的碧绿草地，思念那如同回到学生时代的美好时光。"书山有路勤为径，学海无涯苦作舟"，在此笔者愿与所有赴澳学习的骨干教师共勉。

新加坡学访感悟

这是一次继 2011 年 6 月 8 日新加坡大智小学领导和老师来我校学访之后的回访活动。此次出访的首要任务是签订友好学校之约。我们一行 17 人踏上新加坡的土地便感受到，无论是街区建设还是学校文化无不蕴含着浓浓的人文气息。

"无处不教育"是大智小学给我留下的最初印象。进入校园我们便受到校领导的热情接待，在华语部郭主任的引领下我们一路观赏，楼内和教室的墙壁用无声的语言向我们展示了这所有着 70 余年办学经验的校园历史和它的沧桑与辉煌。

行走途中，一面墙壁上的标语深深地吸引了我："One School, One

Voice"。似乎是机缘也可能是巧合,言谈中得知,和我校一样,大智小学也有一次合校的经历。为此,学校提出了响亮的口号"同一所学校,同一个声音",其中寄托着领导们的殷切希望,彰显了领导团队的治校方略,也表明了老师们干好教育工作的决心与信心。

一条小小的标语竟然有如此精深的内涵,值得我们借鉴,更值得笔者(新任校长)学习和思考。学校的发展速度取决于领导的办学思想的前瞻性,学校已走过50余载的办学之路,有鲜花也有荆棘,有欢笑也有泪水,无论面临怎样的境遇,一代一代的学生始终迈着坚定的步伐走向未来。不管是管理者还是普通教师都要以大智小学的精神为学校的发展添砖加瓦,锦上添花。

读孙孔懿老师《学校特色论》有感

有幸拜读了孙孔懿老师的《学校特色论》，受益匪浅，同时引发深层思考。对于"特色"，不是单纯的"人无我有，人有我精"。笔者个人理解为"有持续性的创新力和发展力，有一流的质量和效益，有真实的个性和品牌"，这应是"特色"这一词汇的内涵。学校特色，就是学校文化个性的积淀。三个关键词——"文化""个性""积淀"缺一不可。而对于学校特色建设，笔者从"文化""个性""积淀"三方面综合，有如下了解和思考。

一、办学特色的现状分析

1. 办学优势

(1) 地理位置优越，处于环境优美的五大道上，文化氛围浓厚。

(2) 具有一定的办学资源优势。

(3) 学校拥有一支优秀的师资队伍，并且师生配比率具有较强优势。

(4) 名师及学科带头人数量在区内领先。

2. 已有特色

(1) 注重抓实培养学生自主管理、自我教育能力，使学生具有"骏马精神"与良好品质。

(2) 科研立项课题从数量到质量在区内排名居前。以"教科一体"的方式提升教师业务素质和科研能力，提高课堂教学效率，使学生学有所得，全面发展。

(3) 体育工作在面对全体学生的同时，注重特长生的培养，保持游泳和田径两项学校传统体育项目。学生获奖人数由少变多，获奖级别由多变精，在全区已形成亮点。

(4) 舞蹈、合唱等方面在市区内形成自己的强势项目。

(5) 英语教师自主开发了英语校本课程教材。

二、创建特色学校的发展规划及策略

1. 创建目标

在各级领导及专家引领和论证下，梳理归纳多年的办学历程，确立了以"中西兼容，多元互补"为主导的办学思想，体现学校、教师、学生发展的包容性。兼容并蓄，宽容海涵，既是和谐校园的表现形式，又是达致和谐的基本前提，也体现素质教育过程中的互补性。文武之道，张弛互补，是传承历史、开创未来，推进特色学校建设的重要手段。以"全面发展，英语见长"为整体办学特色，以深化课堂教学改革，提高育人质量为突破口，着力开发英语特色校本课程，完善英语校本教材。将学科教学转向学科教育，由关注课堂教学转向关注课堂文化的形成，进而达到育人之心的目的。实施国际理解教育，努力营造精致、高雅、和谐的育人环境，构建现代化的精品学校。

2. 发展规划

学校管理是学校教育的根本保证。学校管理是从学校实际出发，充分发挥各种管理职能，使有限的学校资源获得最大效益的创造性活动。从学校自身实际出发的管理，根据自身的需要与条件确定自己的发展目标和方向，提高办学的有效性，形成学校自身特色。学校管理将强化"责任、服务、窗口、精品"四种意识和"敬业、爱生、博学、自省、孺子牛"五种精神，促进教师发展。引导教师牢固树立教育让人民满意，教学技能让学生满意，教学效果让家长满意，教育质量让社会满意的思想。学校应坚持以素质教育为指导思想，以实施素质教育为目的，使学生的全面素质得到发展，在这个前提下注重发展学生的英语特长。将校训重新丰富，使其成为统一认识，形成"共同愿景"。

3. 策略措施

(1) 建立一支具有个性特色的教师队伍是关键。特色学校里不能没有自己的品牌教师，学校现有教师63名，宣传并发挥已形成自己教学风格并多次在市、区内上公开课、示范课的品牌及骨干教师的引领作用，以他们为龙头带动不同教师共同进步，促进独特课堂文化品位的形成。

(2) 为了达到"全面发展，英语见长"的培养目标，加大师资培训力度，为强化英语教育打下坚实基础，通过"走出去，请进来"，外出学习培训和校本研修等形式，加大对教师（特别是英语教师）口语培训力度。

(3) 开设外籍教师口语课，拓展英语教育。实现学生学习英语"学以致用"，这也是英语教学最终要达到的目标。帮助学生了解世界和中西方文化的差异，拓宽视野，培养爱国主义精神，形成健康的人生观，为他们的终身学习和发展打下良好的基础。通过各种活动培养和促进学生语言综合运用的能力。

(4) 开展课题科研，提高英语学科教师的教育教学观念，提升研究层次。开发一系列校本教材，丰富学校英语资源。校本教材为学生提供丰富的英语资料，提高其对学习英语的兴趣，开阔眼界。

三、现有的困惑及如何破解难题

1. 现有困惑

(1) 目前学校师资队伍出现年龄断层，由于严重超编，未能引进年轻教师，致使新生力量匮乏，队伍略显活力不足。

(2) 56年历史的校舍功能性欠缺，学校没有供师生开大会的礼堂，校内没有自我展示的场地，不利于学校发展的宣传。

(3) 英语教师队伍整体学历水平有待提高。

2. 破解难题

(1) 引领全校教师思想达成共识，并为创建特色学校付出努力。

(2) 以课题带动特色学校的建设，聘请专家定期指导，及时发现问题并借助专家的引领及时解决问题。

学校特色的形成不是朝夕之事，学校是否具有持久的生命力，也许需要几代人的共同努力去传承和发展。学校会在各级领导的关怀和支持下，迈开特色学校建设的步伐，走好、走稳每一步。

读郑杰校长
《没有办不好的学校——郑杰教育讲演录》有感

怀着一颗好奇之心，捧起郑杰的《没有办不好的学校》，从字里行间结识了这位被大家认为"与众不同"的校长，了解了郑杰的办学理念，丰富了自己的办学思想，更引起诸多共鸣。

学校的发展是从追求质量到追求效能最后到追求人道这样一个过程。质量是学校生存的基础，在当今形势下，只有提高教学质量才能吸引更多的学生，生源决定着学校的生存。在学校的教学质量较高时，学校要考虑的是效能，因为效能是学校自身竞争力的表现。我们不能否认学校之间存在竞争，所以要提高学校的竞争力，唯有提高学校的效能，而怎样才是高效能呢？郑杰校长的总结是：一次把事情办好。细想一下，这样的话其实很朴实，但是在工作当中我们办事时还真是做不到，有些事办了好几次也做不好，原因是什么呢？原因可能有很多，但很普遍的现象是做事没有计划，总是做到哪儿算到哪儿的思想比较多，造成了工作效能的低下。最后一个阶段是人道，也就是教育本质的问题，教育的最终目的是什么呢？仅是教给学生一些知识吗？仅是让每个学生考上重点学校吗？教育目的是在增长学生智慧的同时培养学生良好的品行，做一个合格的对社会有贡献的人，这才是学校培养学生的最终目的。而做对社会有贡献的人，除了有知识外还应该是一个道德品行良好的人，因此教育要回归到最初的办学目的上来，培养有道德的公民。

在学校发展的不同阶段要有不同的学校文化，像在质量阶段要培养学校质量文化，让这种文化影响每一个人，让个人的目标朝着学校的目标靠拢，最终形成目标的共同体。学校的文化是摸不着的、看不到的，只能用心去感觉。学校文化对一所学校的影响是深远的，作为一名学校领导如果能把握好学校的文化，培养一种优良的学校文化，那么学校的管理就理顺了。但学校文化的培养不是一朝一夕的事，是一个漫长的过程，这需要学校领导的决心、耐心、恒心。

关于老师的培训，郑校长的几句经典话语给笔者极大启示，他说："成年人只有当为了使工作更有效而必须去了解或扶持做一些事情时，才会更乐于学习；成年人学习所需的环境是非正式的、以成绩为导向的……有效的老师发展的重点在于个人能力和创造潜能的发展，而不在于老师缺点的矫正。"在书中郑校长告诉我们对于老师的培训要学会换位思考，想老师所想，做老师所难，帮助老师去解决一个问题远比让老师去听一场报告更有益于老师。为此，任职后结合学校的实际情况，笔者认真做好两项重点工作，一是配合书记抓好班子建设，形成心齐气顺、风正劲足的良好局面。工作中大力倡导"发扬民主、团结共事"良好风气，严格遵循"重大事项、重点工作、人事安排、重大财务支出，都召开班子会议集体研究决定"原则，接受群众监督，正确处理集体领导与个人分工负责的关系，使班子成员团结一致，精诚合作。二是抓教师队伍建设，先后多次召开"以平和的心态干好自己的本职工作""打好生命的补丁""爱、尊重、责任""褪尽浮华才是真""爱之深，责之切""做忠实的送信人""裁云作舞衣"等主题全体会，积极营造和谐环境，形成和谐、民主、理解、尊重的管理风格。建立"人尽其才、能上能下"的用人机制，遵循"用合适的人办正确的事"原则。落实好各项激励措施，努力为教职工创造公正、公平的发展环境，让他们充分发挥自己的聪明才智，勇于探索、尽职尽责，形成团结和谐、务实创新的工作氛围。

　　读郑杰校长的书让笔者感觉到哲学思想的宽大无比，学校能否办好，取决于校长们对学校、对教育的认识和理解，而且这些"认识和理解"不是一般意义上的，而是在哲学层面上的，是有哲学根源的。与此同时，校长自身素质的锻造也至关重要，作为校长如能效法自然之道的无私善行，就要有如水一样的胸襟和气度。出自老子《道德经》第八章的内容"居善地，心善渊，与善仁，言善信，政善治，事善能，动善时"，使笔者自然联系到校园管理中，校长必须做到影正自明，律己达人，豁达开朗，宽容雅量。工作中一要像水那样善于找准位置，明确自己的职责以服务为本。二要像水那样沉静深邃，踏踏实实做好自己的各项工作。三要像水那样善于施与仁和爱，用无私的大爱捧出事业的大美。四要像水那样善于言而有信，用真心、真诚、真情做教师身边的同行者。五要像水那样善于无为而有为，举重若轻地应对每一件事。六要像水那样善于发挥能力，用合适的人做正确的事。七要像水那样善于行止有时，与时俱进，将传承与创新完美结合起来。这是管理者道德品行的至高境界，也是笔者不断学习和践行的准则。工作中我们遇到困难和不顺在所难免，应当学习水之能潜、能涌、能流、能奔、能升、能降，适境而生，适境而居，让心永远呈现"宁静"。

　　一位校长如果能以哲学的眼光去看待学校问题，去思考学校的发展，并以哲学的方法去处理学校问题，去谋划学校发展，那就没有办不好的学校。

寒假读书体会

假期，终于有时间坐下，认真研读了由康万栋教授主编的《校长与学校发展》。颇受启发，也深有感悟。

书中说道："校长不能只是一只辛勤的蜜蜂，而要成为类似放风筝的人：心中有天空，眼中有目标，手里有分寸，脚下有土地。"是啊，每天忙忙碌碌地工作，确实像一只飞来飞去的小蜜蜂，无暇顾及思考天空有多高、目标有多远、分寸有多少、土地有多厚。然而，思考和掌握这些正是体现校长领导力的基础和能力。自己作为即将干满一个任期的新校长，面对种种困难从心底感到提升领导力有多重要，但提升没有捷径，它是一个长期的持续发展的过程。校长领导力的提升主要有两条基本途径：一是校长自身正确认识到校长职位的使命和专业发展的要求，尽职尽责地履行角色义务，在实践中不断学习、反思和研究；二是行政管理部门通过健全校长专业标准、管理制度等来保障校长领导力的提升与发展。

校长领导力不等同于校长的行政权力。权力与责任密不可分，权力越大，责任也就越大。作为校长，必须把权力与责任统一起来，真正做到秉公用权，正确行使校长权力，全面提高领导能力。

约翰·科特说："一个领袖人物必须正直、诚实、顾及他人的感受，并且不把个人或小团体的利益和需要摆在一切衡量标准的首位，否则人们就不会追随他。"《论语》中也提到："其身正，不令而行，其身不正，虽令不从。"一个领导者的人格魅力往往比刚性的制度更能获得人心。校长人格魅力是指校长的性格、气质、品德、学识、才能、情感、意志等个人综合素质在领导活动中对师生产生的较为持续的感染力、影响力、凝聚力等的总和。

校长要善于组织全体教师，尤其要做好领导班子成员之间的关系协调。领导班子成员要有明确的分工、清晰的职权范围，使每个人能在自己分管的具体工作中，从思想上正确对待，努力做好自己的工作，能够具有开拓、创新意识。校长有责任从自身做起并带动他们做到影正自明，律己达人，善思求新，宽容雅量。校长的职责是为身边每个人的成长提供适宜的生态环境，使每个人在不同的岗位得到充分的培养和锻炼。

校长的专业能力是学校高效管理的决定因素。校长领导力提升的过程就是校长专业能力提升的过程。

校长应努力从以下四个方面提升专业能力。

第一，终身学习的能力。校长要不断学习前沿的教育科学理论知识，将学习贯穿于生命的始终，转变教育观念，更新领导思想，通过参观考察学习名校的办学思想和经验，增强自我的领导能力和技能。多看多想，一些灵感就会不期而遇，工作局面也会就此打开。

第二，扎根实践的能力。不同的校长表现出不同的领导学校的实践智慧。在某种意义上，领导学校的实践智慧不是在读书中习得的，而是在实践中形成的。只有通过教育实践，才能找到教育理论和教育实践沟通的桥梁，创造性地解决实践中的问题。

第三，勤于反思的能力。没有行动后的思考，没有实践中的反思，校长难以自主发展，提高领导力也就是一句空话。学校管理实践是复杂的、多样的、不可重现的。在学校实践中，校长认真地、持续不断地总结办学经验，反思以往的工作，敢于批判、否定自己，才可能在新的平台上实现自我超越。校长要使自己对办学的认识由感性认识上升到理性认识，提高自己在由管理实践走向教育理论方面上的教育科研能力。

第四，教育科研的能力。校长要身体力行，投入科研，把自己所在的学校建设成为教育实验基地。通过教育科研丰富原有的教育实践理论，并有意识地用科学的教育理论来指导自己的教育实践，从而不断探索，不断创新，不断发展，不断提升自己的教育领导力。

校长的人格魅力对教职员工的影响力是非强制性和恒久性的，它不会因权力的更替而消失。增强人格魅力，校长应做好以下四个方面：一是公平正义，奉公办事；二是任人唯贤，尊重人才；三是学识深厚，治学严谨；四是待人亲和，胸襟开阔。因此，在构建和谐社会的今天，完善人格魅力对于树立校长的形象和威信，提高校长的领导力尤为重要。所以，作为拥有一定权力的一校之长，必须十分重视人格的力量，不断提高自己的人格魅力，进而提高自己的领导力。

基于实践的学校特色精神文化建设策略的研究

《国家中长期教育改革和发展规划纲要（2010—2020年）》指出，树立以提高质量为核心的教育发展观，就要注重内涵发展，鼓励学校办出特色、办出水平。

一、问题的提出

进入21世纪，我们的教育面临着严峻的挑战，由于学校的基本功能和教育的终极目标，学校文化又显示出与其他文化不同的独特性。当今社会呼唤人的主体精神、诚信品德与法制意识，宽容精神、尊重文化的多元性及其精神生命的丰富，人的创新精神、实践能力和终身学习能力。所有这一切，都对学校教育提出了全新的期望。学校的发展更是经受着来自时代、社会各界和教育本身所承载的多重压力，如何促进学校持续发展，是学校管理者不断探索的问题。大量的实践表明：学校精神文化建设是学校发展的关键。学校的发展归根到底是人的发展，即学生的发展和教师的发展。而学生的发展是以教师的发展为前提的，因此教师的发展是学校发展的基础。学校办学的宗旨在于促进学生的全面发展，培养高素质的人才是学校承载的培养目标，也是社会对学校的期盼。要促进学生的全面发展，就要引领教师的全面发展，教师必须有专业素质好、道德素养高的深厚功底，这也是学校提高办学质量的重要保障。建设"学校特色精神文化"是学校适应时代发展要求的必要措施。

学校特色精神文化是一种学校所特有的精神环境和文化气氛，是学校文化的深层次体现形式，它是学校在长期的教育实践中，受一定的社会文化背景、意识形态影响而形成的为全部或部分师生员工所认同或接受的精神成果与文化理念，表现为学校风气、学校传统以及教职员工的思维方式等，是学校整体精神面貌的集中体现。精神文化建设是学校文化建设的核心，尽管它在不同的时期可能会有不同的表述，但它的灵魂是能够保持永恒魅力的，在建设现代化学校的今天，学校特色精神文化建设无疑是一项重要课题、学校有着优良的传统和深厚的文化积淀。创校先贤给我们留下的不只是一所绵延五十多年的老牌学校，还创造了大量光耀后人的精神财富。而这些宝贵厚实的文化沉淀尚缺系统深入挖掘、整理，进一步将学校特有的精神文化发展成为学校品牌更是亟待着手的工作，这自然成为学校管理的又一新课题。

二、研究目的和意义

1. 研究目的

进行学校特色精神文化的实践研究，目的是找出学校特色精神文化建设中存在的问题，并分析出现这些问题的深层原因，提出相应的解决策略，完善学校的管理机制，为学校特色建设及形成品牌优势提供一定的借鉴。

2. 理论意义

一所学校要发展，必然要有一种独特的校园文化定位。这种文化是超越于知识传授、能力培养与方法渗透的一种更高层次的自觉精神追求，它是一种健康的、和谐的、积极的、人文的、向上的和可持续发展的学校氛围，这种文化具有高尚的价值取向，是学校的灵魂所在。校园文化是时代精神在学校的反映，是社会主义学校办学方向和指导思想在长期发展过程中所形成的一种群体意识的体现。近几年，许多专家学者撰写了不少关于校园文化建设的经验文章，表明了他们对学校文化的热情，也为本研究提供了相关的资料。但对具体情景下的精神文化建设进行系统阐述的比较少，因而本研究具有一定的理论前瞻意义。

3. 实践意义

笔者从大量文献中发现，相关研究大多偏重于观念层面和理论层面。有些观点提出了，但缺乏理论阐述；有些理论提出了，但缺少实证研究，与本课题研究相关的系统实证研究的个案较少。特别是这些文献中，关于学校特色精神文化建设的研究，涉及教职工共同价值观形成机制的研究还不多，适用于学校特色精神文化建设的实践研究更是空白。学校管理实践迫切需要对教职工共同价值观形成机制有一个深入的探究，具体高效地形成教职工共同价值观的有效机制，全面提高学校办学品质的研究有待深入。

本研究立足于我校厚重的历史和优良的传统，从学校潜在的、隐性的精神文化入手，建设学校积极向上的特色精神文化和形成教职工共同价值观，将外在管理的他律与内在自我约束的自律相结合；将外显的行动管理转向内隐的心灵影响，唤醒教师高层次的精神需求，使教师走出职业倦怠，达到"不用扬鞭自奋蹄"的工作意境，这对于促进学生发展，提高学校整体办学水平，形成学校核心竞争力具有重要的实践意义。

三、学校特色精神文化的自我诊断

在问卷调查中我们发现，在办学实践中，存在着遗弃历史、丢失文化传统的现象。很多学校热衷于比拼豪华的硬件实施、炫耀升学率，而对深层的办学内涵关注不够，缺乏对学校文化的历史积淀合理扬弃的理性分析，我校也不例外，为此着眼于改善学校内部的文化环境和心理氛围，缓解职业倦怠。建设学校特色精神文化的研究，应成为我们高度关注的课题。

学校在长期的教育实践中，创造和积淀下来优良的传统，有着全体成员共同认同和遵循的信念、价值、态度、期望、故事等价值观念体系，形成了特有的制度、程序、仪式、准则、纪律、教学等行为规范体系，成为学校特有的精神文化。学校布局、校园环境、校舍建筑、符号、标志物等物质风貌与学校特有的精神文化遥相呼应，铸成学校的特色品牌。将这些厚实的文化沉淀进行系统、深入的挖掘、整理，成为学校创新卓越发展的重要推动力。因此，学校特有的精神文化和共同价值观形成的有效机制，成为本课题研究的基本内容。

研究从心理学的角度将外显的教育管理与内隐的教师内心需求相结合，通过体现学校主导文化的教育管理模式，提升教师内在的高层次精神需求，解决当前教师职业倦怠对教育质量的消极影响问题。其中关系到如何促使学校特色精神文化的物化及制度化；制订并完善体现学校特色精神文化和共同价值观的学校制度，建立体现特色精神文化和共同价值观的学校活动体系。同时创造条件，建设物质文化，结合价值文化、制度文化、活动文化，加快学校的现代化进程，实现学校的再发展。

四、影响特色精神文化建设的因素分析

1. 影响特色精神文化建设的外因

现代社会是迅速发展的社会、竞争激烈的社会，很多教师正经历着比任何时期都更多、更重的压力，他们在现实生活中身兼多种角色，集数种心理压力于一身，造成这种现象的原因有以下几点。首先，教师工作负担重、压力大而社会地位不尽如人意，从而导致对所从事的教育事业的决心与信心不够坚定。学校人际关系的复杂程度、管理机制是否健全、工作是否被领导认可以及收入待遇等都会成为影响其工作积极性、产生职业倦怠的因素。

其次是学校领导的态度。教师的工作干劲离不开学校领导的支持和引导。每

位领导都有自己的喜好和用人的标准，能够得到领导的关爱和信任就意味着有更多的发展机遇，反之则会受到一定的限制。因此，学校管理者一定要秉持公平、公正的态度对待每一位教师，尽量减少个人喜好对用人的影响，努力为每一位教师提供公平发展的机会。

最后，教师基本上是在"两点一线"模式中生活，除了上课，就是批改作业或者回家休息，生活环境相对封闭，信息来源少，社交面狭窄，时间长了就会知识老化、观点陈旧、缺乏活力。教师社会责任较大，学校竞争激烈，加之现在的学生大多是独生子女，不好管理，与家长难沟通、家长的高期望等问题又会给教师更多的压力，从而造成了部分教师不能体验并享受职业带来的幸福感。

2.影响特色精神文化建设的内因

首先，是自我效能感不高。自我效能感是教师对自身成就效能的预判，国内外大量研究证实：教师自我效能感对教学效果和教师专业发展存在显著影响。自我效能感高的教师能够积极主动地适应和改变环境，努力克服困难，始终相信自己，适时调控自我，获得更高的成就动机。

其次，由于每个人都是不完全相同于其他人的特殊的同时也是能动的个体，所以每个人都有其自主性、能动性和选择性；人既可以适应环境，也可以改造环境；环境可以制约人的发展，也可以促进人的发展；人的发展是人与环境相互作用的结果，教师个体的师德提升是教师个人和学校环境相互作用的结果，也是在学校环境的影响下产生的。但学校环境仅仅提供给教师精神文化建设的外部条件，教师的内在精神需求是起决定性作用的核心因素，自我精神需求强的教师，其发展目标明确，内驱力强，在工作中的成长进步会加速，反之，就会缓慢或止步不前。此外，由于个别教师感受不到事业的成功，得不到学校领导的认可，所以呈现出缺乏积极的精神需求的现象。精神需求弱的教师，师德修养不积极，发展进步缓慢，甚至没有进步，业务钻研不努力，对待学生不平等、不尊重等，缺乏对事业的发展规划，对自身的目标一片茫然，处于被动的发展状态。

五、学校特色精神文化建设策略

学校悠久的历史为其精神文化积淀了丰厚的内涵，本着"立足现实、传承历史、着眼未来"的原则，精心打造学校的特色精神文化，通过让全体师生教职工共同参与学校文化的构建，在建设过程中不断增强责任意识、传承意识和吸纳意识，在全面总结学校历史经验和现实工作，继承学校优秀文化传统的基础上，进一步端正学校办学方向，提炼核心价值观，明确办学目标，优化办学理念，制订发展策略，形成系统、独特、能为全体师生广泛认同的、符合学校发展方向的精神文化体系，让学校深厚的精神文化积淀成为办特色学校的沃土，让学校精神文化富有时代特色。彰显办学特色，提升办学品质。

1. 发挥党支部的作用，创设思想氛围

学校党支部要充分发挥政治核心作用，为学校创设不断提升师德素养的良好环境。结合新三年校长任期目标责任书，将师德建设目标列入学校发展总体目标，力求收到实效。

(1) 党支部要注重从学校教师的师德实际出发，及时掌握和了解教师及员工的师德动态，针对大部分教师认为工作压力、精神压力过大的问题，适时进行心理疏导和思想引领，以尊重理解的理念凝聚人，以广泛正面宣传引导人，以殷切的期望激励人，不断增强教职工的责任意识，调动他们的主动性和积极性，激发他们"愿意做最好的自己"的主观愿望。

(2) 针对少部分教师养成的以自我为中心的心理特点，进行团结协作、关心他人、与他人和谐相处的教育。倡导真诚理解无价，和谐氛围无价，对同事、对学生、对家长都要真诚相待，学会换位思考，主动关心帮助他人。此外，倡导真诚做事，恪守教师基本道德规范，不管是否有人监督管理，都要为人师表，成为学生尊敬效仿的榜样。

(3) 针对功利色彩严重问题，加强教师核心价值观建设。树立师德高尚、业务精良的教师典型，用优秀教师的先进事迹激励他们，用无私奉献的榜样感染他们，大力倡导"奉献是一种幸福，付出是一种快乐"的精神，引导教职工立足本岗，淡漠功利，积极奉献。

2. 实施中西人文管理，强化激励机制

中西人文管理是以人为本的中西优秀管理模式并蓄的管理，它以和谐、民主、理解、尊重为基础，更注重激励人的自觉性、满足人的需求，注重按照人的生存方式的和谐管理。

(1) 在日常管理中要坚持人文管理，进一步强化激励机制，有效促进教师队伍建设。鼓励教师进行阅读经典、专业进修等活动，使其修炼心智，不断完善自我，提升精神境界。

(2) 要建立多种奖励机制，与绩效工资挂钩，坚持"以奖为主，奖罚并用"两条线的原则，通过评选表彰先进等活动，营造积极向上的良好风气，通过这种人性化管理促进教师责任担当意识，内化为他们的自我约束力，满足不同人的精神需要。

(3) 在管理中要刚柔并济，以制度为抓手、以培训和活动为载体，加强对全员的正面鼓励，注意引导他们正确对待困难和挫折，学会自我调节，学会自我克制、自我激励。

(4) 通过创设人人参与的民主管理氛围，强化激励机制，使激励机制成为教师队伍建设的有力保障。

3. 引领教职工价值观，完善评价机制

充分体现"以人为本"的教育理念，重视教职工的个人价值，学校管理者应注重发现和挖掘他们的能力，用多把标尺评价教职工，促使他们多元化发展，同时用发展的目光看待每一个学生，从而实现学校的培养目标和发展目标。探索有效评价机制，促进教职工共同价值观的形成。

(1) 制订"以师为本"的治校方略。学校教职工共同价值观的形成，其精髓就是以师为本，以教职工的发展为本，以促进教职工的充分发展、全面发展、终身发展、个性发展，并促进其人格成长、专业化成长、能力成长为本。这就要求管理者善于施与仁和爱，做到身正自明，律己达人，用真心、真诚、真情做教师身边的同行者，善于用合适的人做合适的事，在培养和使用教师的过程中能够切实关心他们的思想、业务学习和进修，帮助他们不断进取，教育教学能力与艺术不断提高，使教师在工作中产生价值感、成就感和幸福感，让教师的整体发展驶入自然和谐的轨道。

(2) 树立教职工"自主管理"的工作意识。通过学校精神、物质等层面的软硬件建设促使教师在思想、行动上与学校发展同步。研究设计独具匠心的活动，举办文化沙龙活动，营造民主和谐的文化氛围，创新校本研修制度，激励教师践行学校特色精神文化，"向学""思进"，不断提高自身的综合素质，形成专业发展的自我意识，走上"自我更新"的专业发展道路。发动教师群策群力参与学校管理，真心领会学校的各种制度与发展规划，将其内化为思想，外现为言行，找到促进学校和教师双方平衡发展的支点，增强教师的责任感与使命感，促使自主管理的意识和氛围在校内悄然形成，实现教师特色精神文化的高度自觉。

(3) 开展丰富多彩的学习及文化活动，促进师生精神文化素养和综合能力的提高。积极组织教师及学生解读校训、校色，这也成为新生和新教师进校后的第一节必修课。使进入这个大家庭的每个成员都了解学校的历史，懂得他们今后工作学习中应遵循的行为准则，不断在实践中陶冶自己的情操。通过建立管理者、教师、学生、家长之间多向的沟通交流平台，促进信息交流，形成相互之间的情感沟通与学校精神文化的影响。

四、问题与思考

学校精神文化建设就是为了实现使学生成为社会主义有用人才的教育目标。学校精神文化相对稳定，规律性强；具有潜层渗透、化育大于训导的特点。从存在形式来看，学校精神文化内化于校园人的文化素质中，是校园人普遍具有的精神特点，并通过文字形式、制度形式、活动形式、环境形式或校园人工作作风、生活作风等形式表现出来，体现学校价值观，所以搞好学校特色精神文化建设，有利于学校不断发展，更有利于促进培养学生形成终身发展的价值观。学校可以通过开设传统文化教育课程，或者举办主题讲座，开展喜闻乐见的教育活动，让大家认识与了解传统文化，喜欢传统文化。学校的办学思想与办学理念要体现对传统文化的坚守与弘扬，并落实在学校教育的全过程中，包括学校校园文化环境布置、学校管理制度的建立等，以此达到对学生潜移默化的教育。当然在此过程中，学校还要处理解决如下几方面问题：

1. 价值观教育要以人的发展为主旨。

2. 坚持价值观教育的层次性目标，丰富价值观教育的内容与类型。

3. 深化学校校本课程建设，探索科学教育与人文教育新思路。

由于本研究涉及一个较新的研究领域，缺少现成的成果和可借鉴的经验。深入认识和继承学校的文化传统，汲取其精粹，创新办学思路，这不是一般的学校文化建设的研究，而是将学校特色精神文化的建设与教职工共同价值观形成机制有机地结合，根据教师的发展需求，不断刺激学校特色精神文化的建设，随之，再以优化的校园精神文化系统促进教职工共同价值观形成，根据学校的整体发展规划，凸显办学特色，最终形成符合学校实际的体现学校特色精神文化和共同价值观的学校制度，建立体现特色精神文化和共同价值观的学校活动体系。

参考文献

[1] 赵中建.学校文化[M].上海：华东师范大学出版社，2005.

《关于加强学生劳动教育的研究》
调研报告

天津生态城南开小学自复校重建以来，传承百年南开精神，厚植"公能教育"情怀，以南开"允公允能，日新月异"理念为引领，以"以德为先、能力为重、全面发展"为基本原则，结合全国教育大会精神以及中共中央、国务院《关于全面加强新时代大中小学劳动教育的意见》（2020年3月20日），在梳理南开传统办学经验和整合既有办学资源的基础上，继往开来，守正创新，进一步加强劳动教育，切实做到德智体美劳"五育并举"发展，把劳动课程与德智体美课程放到同等重要的位置上，进行课程研究和开发，在新时期赋予劳动课程新的内涵，进一步体现南开小学"公能教育"办学特色。

"公能教育"思想是南开学校创始人、首任校长张伯苓先生提出来的，"公"指的是爱国爱群之公德，"能"指的是服务社会之能力。南开学校主张培育"公能兼修、德才兼备"的人才，有史以来一直重视劳动教育。"允公允能，日新月异"，其中实践育人、劳动教育是"公能教育"的重要内容，为《关于加强学生劳动教育的研究》奠定了雄厚的历史基础。

一、基本情况

本次研究以全校1766名学生及其家长、143位教师为研究对象。其中，一年级12个班490名学生38位教师；二年级12个班441名学生33位教师；三年级10个班407名学生32位教师；四年级5个班203名学生17位教师；五年级2个班91名学生9位教师；六年级4个班134名学生15位教师，根据学生年龄段特点，进行关于加强学生劳动教育的研究。

二、研究内容

(1) 进行问卷调查，摸排小学生及家长对劳动教育课程的认识状况，找出存在问题，制订解决和实施方案。

(2) 制订《天津生态城南开小学公能劳动课程实施方案》。

(3) 制订《天津生态城南开小学公能劳动课程标准》。

(4) 制订《天津生态城南开小学公能劳动课程评价标准》。

(5) 建立劳动实践基地，创建多样化劳动实践模式。充分利用现有综合实践基地、青少年宫、图书馆、社区等校外活动场所，挖掘和拓展劳动课程资源。

(6) 开发劳动课程校本教材（1~6年级），按照自理自立性课程、日常家务性课程、生产性课程、服务性课程分类开发、编写教材，并付诸实施。

(7) 注重劳动教育学科渗透，进行跨学科教学，进行增强劳动观念、劳动意识的教育。

(8) 注重学生在劳动课程实施过程中的习惯养成以及反馈，适时地调整教学内容、方法。

(9) 组织教师进行劳动课程教学技能大赛，开展经验交流等活动。制订《小学生职场体验方案》，组织学生进行职场体验活动，进一步增强学生劳动意识。

三、研究过程

1. 进行问卷调查，摸排小学生及其家长对劳动教育课程的认识状况，找出存在问题，制订解决和实施方案

(1) 调查目的

当前，随着社会经济的发展和家庭生活水平的提高，独生子女日益增多，小孩子成了家庭生活的中心，不少家长对小孩子溺爱、娇纵，导致小孩挑吃，挑穿，浪费粮食，不爱惜物品，爱发脾气，任性刁蛮。有些孩子上了小学还要大人追着一口一口地喂饭，到了二三年级还要大人照顾着穿衣、吃饭、洗手、洗脸、系鞋带，甚至到了初中高中，仍然不能自食其力。更有甚者，个别孩子到了大学，仍然需要家长陪读，或者放寒暑假带一堆待洗的袜子、被罩、床单回家让家长洗。这些现象产生的原因是多方面的，但主要是有些家长和保教人员对劳动对幼儿的教育作用认识不全面，忽视了培养小孩子独立生活能力。因此，学校值研究此课题之际，对本校学生的劳动教育情况进行了调查，一是为了更确切真实地掌握第一手数据，了解孩子及家长在家庭教育方面的实际情况，二是希望能引起家长们的注意，使家长们正确认识劳动对小孩子健康成长的作用，让家长们密切配合学校，探索对小学生加强劳动教育的途径与方法，培养小学生劳动意识和劳动素养，培养爱劳动的良好习惯。

(2) 调查对象和方法

调查对象：一二年级学生及其家长。

调查方法：访谈法、实验法、个别谈话法。

(3) 调查结果与分析

① 家长对劳动教育的认识

调查显示，非常赞同"对孩子进行劳动教育，培养孩子劳动素养与技能，促进孩子的全面发展"观点的，只占15.6%；基本赞同的占35.7%；认为无所谓的占31%，不赞同的占17.7%。

认为"从小就培养孩子的劳动意识并付诸实施"的家长持支持观点的占20.7%；认为实施与否无所谓，"只要孩子学习好，其他什么都不重要"的家长占56%；认为没必要实施，或没有必要认真实施，"孩子长大后自然就能接受"的家长占23.3%。

② 学生对劳动教育的认识

为了更准确地了解学生对劳动教育的认知情况，学校采用了实验对比法，对学校各个年级和班级进行前测数据与后测数据采集并加以对比，从而得出实验结论。

学校于2020年4月1日—10月15日，进行了有计划、有目的、有步骤的实验研究。这个时期，学校处于"停课不停学"居家线上学习时期。前两个月以及暑假假期，我们充分利用学生居家期间，设置和调整适合的劳动课程内容，充分调动学生和家长的积极性，学校、学生和家长密切配合，将劳动教育课程落到实处。

调研过程中，对各年级的学生进行劳动意义教育，对其自我服务劳动进行过程记录，并调查他们在家庭中的劳动表现，家长根据学生的表现做出评价。用在线调查和个别谈话的方式完成小学生对劳动意义理解的反馈。

在进行劳动教育之前，问卷结果（前测数据）表明：

劳动意识差，在家里抱着饭来张口、衣来伸手的态度的学生占18.2%。

劳动意识较差，在家里偶尔扫扫地、洗洗碗，在家里才能做做自己力所能及的事，在学校里不喜欢参加义务劳动，就连每星期一、星期三的大扫除也不愿参加，参加了扫地就赖得倒垃圾、擦桌子的学生占26.4%。

劳动意识无所谓，爱做不做的学生占35.4%。他们高兴了就做一点，不高兴了就不做，责任感不强，任性而为，对劳动教育的价值和意义认识不深刻。

劳动意识较强的只有17.3%。这些学生在家长或老师的引导下，比较听话，配合参加劳动，能尽职尽责地为班级或家里做一些力所能及的事情。

劳动意识非常强的只占2.7%，他们热爱劳动，尊重劳动，能够积极主动去做一些力所能及的工作。

2. 制订《天津生态城南开小学公能劳动课程实施方案》

习近平新时代中国特色社会主义思想强调，社会主义就是要培养社会主义建设者和接班人，对加强劳动教育提出了新要求。习近平总书记在全国教育大会上首次提出把劳动教育纳入社会主义建设者和接班人的总体要求之中，历史性地把劳动教育从传统意义上促进青少年全面发展的有效途径提升为重要教育内容，形成德智体美劳全面发展"五育并举"的教育体系，充分发挥协同育人的作用。因此，特制订并实施了《天津生态城南开小学劳动教育课程实施方案》。

3. 制订《天津生态城南开小学公能劳动课程标准》

公能劳动课程是天津生态城南开小学开设的一门基础性、综合性、实践性很强的特色课程。本课程继承和发扬南开百年"公能教育"思想，强调劳动观念、劳动意识和劳动习惯的培养，把握学生在未来工作和生活中必备的基本劳动素养、基本劳动品质和基本劳动习惯，通过学校的实践活动让学生充分体验劳动过程，培养学生成为尊重劳动、热爱劳动和以劳动为荣的社会公民。

本课程侧重对学生进行劳动基本态度和基本能力的培养，除了教授具体的劳动技能之外，更重要的是将体力劳动与脑力劳动、简单劳动与复杂劳动紧密结合起来，根据劳动形态的变化及时更新教育内容和手段，更加重视劳动教育的现代化、知识化、信息化，构建起完整、开放的劳动教育实践体系。

新时代的发展也迫切呼唤教育面对新产业、新行业的人才培养需求，把传统的知识传授型教育转化为能力培养型教育，对于学生的关键能力和核心素养都提出了更新的要求，也赋予了劳动教育新的时代内涵。

课程化实施劳动教育，能够更为有效地与德育、智育、体育和美育进行互动，在整合中实现全面育人，培养德智体美劳全面发展的社会主义新型人才。所以，劳动教育是国民教育体系的重要内容，是学生成长的必要途径，具有树德、增智、强体、育美的综合育人价值。

4. 制订《天津生态城南开小学公能劳动课程评价标准》

更加注重劳动素养的评价,并将劳动素养纳入学生综合素质评价体系。以劳动教育目标、内容要求为依据,将过程性评价和结果性评价相结合,健全和完善学生劳动素养评价标准、程序和方法,利用现代信息技术手段,开展劳动教育过程监测与纪实评价,发挥评价的育人导向和反馈改进功能。

(1) 平时表现评价

注重过程性评价,对学生在劳动教育实践活动过程中的表现及时进行评价,以评价促进学生发展。覆盖各类型劳动教育活动,明确学年劳动实践类型、次数、时间等考核要求。关注学生在劳动教育活动中的实际表现,注重从行为表现中分析把握劳动观念形成情况。以自我评价为主,辅以教师、同伴、家长、服务对象、用人单位等他评方式,指导学生进行反思改进。指导学生如实记录劳动教育活动情况,收集整理相关制品、作品等,选择有代表性的写实记录,纳入综合素质档案,作为学生学年评优评先的重要参考。

(2) 学段综合评价

学段结束时,依据学段目标和内容,结合综合素质档案分析,兼顾必修课学习和课外劳动实践,对劳动观念、劳动能力、劳动精神、劳动习惯和品质等劳动素养发展状况进行综合评定。

5. 建立劳动实践基地,创建多样化劳动实践模式

充分利用现有综合实践基地、青少年宫、图书馆、社区等校外活动场所,挖掘和拓展劳动课程资源。目前国家海洋博物馆、中新友好图书馆、生态城第三社区服务中心、滨海科技馆、滨海文化中心等单位都是学校劳动课程实践基地。

6. 开发劳动课程校本教材(1~6年级)

按照自理自立性课程、日常家务性课程、生产性课程、服务性课程分类开发、编写教材,形成小学阶段一整套劳动教育课程,使之科学化、规范化,并付诸实施。

7. 注重劳动教育学科渗透

进行跨学科教学,进行增强劳动观念、劳动意识的教育。

8. 注重学生在劳动课程实施过程中的习惯养成以及反馈，适时地调整教学内容、方法

在教学过程中，及时跟进学生在课程实施过程中的表现以及反馈，在自理自立性劳动、日常生活劳动、生产劳动和服务性劳动课程方面，重点关注学生劳动习惯的养成教育，结合课程评价手段，进一步加强学生劳动教育体验，培养学生尊重劳动、热爱劳动的优良品质。

9. 组织教师进行劳动课程教学技能大赛，开展经验交流等活动

课题组成员在研究过程中，制订计划，分配任务，各负其责，分工协作。每个年级都分别做对比实验。要求实验班的班主任密切配合，一起制订并实施：

(1) 按照各年级编纂的劳动课程校本教材，结合学情、班情，有机整合教学内容进行实验研究，注意面向全体学生，运用有关劳动教育的故事、儿歌、图片、游戏等进行劳动意识、劳动素养教育，组织教师进行劳动课程教学技能大赛，开展经验交流等活动。

(2) 通过实验结果，了解劳动教育的效果，分析资料，总结经验。

四、研究成果

本课题虽然立项时间比较短，工作任务比较重，但是由于全体师生共同参与，家校合作密切配合，还是取得了较为显著的成绩：

制订了学校《公能劳动课程实施方案》《公能劳动课程标准》《公能劳动课程评价标准》，建立了数个劳动基地和实践场所，开发了劳动课程系列校本教材（1~6年级），组织了教师劳动课程教学技能大赛、经验交流会等。

本课题研究初期恰逢居家学习期间，学校充分利用线上教学，采取线上与线下相结合的教学方式，结合具体实际，开发居家劳动课程。经过两个多月的"停课不停学"居家线上教学，以及复课之后课堂教学，发现各班学生对劳动的认识有所提高，劳动习惯逐步形成，自我服务能力明显增强。经过课题组人员根据数据统计对比，发现大部分学生劳动意识、劳动能力、劳动素养普遍得到了大幅度提高，具体表现在：

劳动意识强的学生占25.3%，学生对劳动产生了浓厚的兴趣，能够正确认识劳动的价值、意义，树立了正确的劳动观。在家里，能主动帮助父母做家务；在学校，他们主动做值日，帮助老师打扫办公室、提水，甚至还主动提出假日时参加公益劳动。

劳动意识较强的学生占38.5%，学生对劳动教育心理上能够正确认识其价值和对未来个人成长的意义。在家里，基本上能够按照家长的要求做一些力所能及的日常家务性劳动；在学校，能够按照老师的要求去完成一些简单的劳动任务。

劳动意识无所谓的占22.6%，究其原因是家长没有密切配合学校，老师和家长沟通不到位，家校协作仍然存在一些问题。

劳动意识较差的占10.4%，这些学生劳动意识淡薄，对劳动的意义和作用认识不够深刻，或者受到姥姥姥爷、爷爷奶奶的娇惯和溺爱，不能自律，需要老师和家长督促做一些简单劳动。

劳动意识差的学生占3.2%，这些学生对劳动教育的重要性和意义还没有足够重视，主要是因为家长只忙于工作，或者外出打工挣钱，跟孩子接触的时间不多，无暇顾及孩子的学习生活；有的家长态度简单粗暴，对孩子缺少耐心；甚至有个别家长对孩子不闻不问，导致劳动教育缺失。

通过这次的调研，我们认为，无论是老师、学生还是家长，都必须认识到对学生进行劳动教育的重大意义，必须知道对学生进行劳动教育、培养学生的劳动能力是促进其优良品德的形成、促进其智力发展的重要途径。

五、存在问题和建议

从统计、对比的基本情况来看，就当前劳动教育课程以下问题提出建议：

(1) 劳动意识比较淡薄。无论是教师还是家长、学生，都要充分认识劳动教育的时代意义和教育价值，都需要进一步加强劳动意识、劳动素养的培养。

劳动教育是以劳动为载体的教育形式，重在找准劳动和教育的结合点，于学生而言，树立正确的劳动观念，培育积极的劳动精神，养成良好的劳动习惯和品质，具有必备的劳动能力，为成就青少年学生的幸福人生奠定坚实基础。于教师而言，要充分理解劳动教育与德智体美教育的关系，即"以劳树德，以劳增智，以劳强体，以劳育美，以劳创新"。明确劳动教育的基本定位，同时培养学生的创新精神和创新能力，使之成为与德智体美并列的一项教育内容。新时代的劳动教育，应该服务于学生的全面发展，充分发挥劳动教育的全面育人功能，进一步明晰学校的办学目标与特色发展，推进立德树人根本任务的落实。

(2) 劳动机会较少，劳动教育欠缺。要结合不同年龄段学生身心发展规律和特点开展劳动教育，构建小学低、中、高阶段劳动教育体系。在课程设置方面，要按照课程标准和有关文件要求开足开齐劳动教育课程。创造劳动机会，把劳动教育融入日常生活、校内外劳动实践、公益活动等各环节。

(3) 师资力量薄弱。从统计数据看，劳动教育课程师资力量非常薄弱，有限的专职教师也是从学校紧张的师资资源中抽调出来的。教师很少有机会参加专门的劳动教育培训，都是以工促学，工学结合，自学致用。要加强师资培训，除了增强劳动意识、提高劳动素养外，还应加强教师技能培训。

(4) 缺乏合适的劳动课程教材。教材是学校开展劳动教育的重要载体，没有载体，学校的劳动教育就变成了无本之木、无源之水，变得随意，缺乏计划性和系统性。根据课程纲要，可以对劳动课程教材进行重新整合、改编，灵活运用。虽然目前学校自编了校本教材，但是由于时间比较仓促，教材内容、质量和水平都有待提高。

(5) 劳动实践相对较少。受客观条件制约，小学的劳动实践形式多为打扫卫生、整理内务，形式比较单一。要创新劳动教育的途径，通过有目的、有计划地组织学生参加日常生活劳动、生产劳动和服务性劳动，让学生动手实践、出力流汗，接受锻炼，磨炼意志，使学生能够理解和形成马克思主义劳动观，牢固树立劳动最光荣、劳动最崇高、劳动最伟大、劳动最美丽的观念；体会劳动创造美好生活，体认劳动不分贵贱，热爱劳动，尊重普通劳动者，培养勤俭、奋斗、创新、奉献的劳动精神；掌握劳动技能，养成劳动习惯，提高动手能力和发现问题、解决问题的能力。

(6) 家庭协作不到位。家庭和学校需要密切配合。为了能够更好地对学生进行劳动教育，家庭教育、学校教育须相互配合、保持一致。家庭教育是学校教育的重要补充，尤其是家务劳动、日常生活性劳动、自理自立性劳动，更需要家长的引导和配合，并科学地做出评价，弥补学校教育的不足。家庭教育与学校教育只有相互配合，取长补短，充分发挥各自的优势和多渠道一致影响的叠加效应，才能取得最佳的整体教育效果。

参考文献

[1] 中共中央、国务院. 关于全面加强新时代大中小学劳动教育的意见 [EB/OL]. (2020-03-20)[2023-10-29]. http://www.moe.gov.cn/jyb_xxgk/moe_1777/moe_17781202003/t20200326_435127.html
[2] 张荣钢. 当前家庭劳动教育存在的问题及改进建议 [D]. 湖南师范大学, 2011.
[3] 常保晶. 当前小学生劳动教育问题探析 [D]. 武汉：华中师范大学, 2005.

镂月成歌扇，裁云作舞衣
——谈校长用影响力打造相互悦纳的和谐教育团队

"教育"是当今社会的热门话题，提及教育无论业内还是业外人士都能侃侃而谈，社会的高度关注和评论给予我们教育工作者无形的压力。"镂月成歌扇，裁云作舞衣"道出教育的意境和追求，传承和发展一所学校，要求我们必须踏出时代的教育节奏，在保持对教育的敬意中获得育人成果的一份欣喜。每一所学校在发展中都不断积淀着自己特色的校园文化，但无论是外显的，还是内隐的，都离不开一支富有生命力的和谐教育团队做支撑。学校的发展需要这支教育团队成员之间相互尊重、相互信任、相互悦纳，同时秉承一份责任，传递一份爱心，才能完成这份功在当下、利在千秋的教育使命。

一、用影响力带班子，把"我"变成"我们"

和谐教育团队的建设取决于校长修身立业的思想和行动。常言道，与智者同行，能学会很多，与高者为伍，会攀上巅峰。校长能否成为教育团队中的智者和高者，用影响力替代权力来做事至关重要。无论是在班子内还是在教师队伍中，校长的举止言行都是一种无形的影响力。校长有责任从自身做起并带动身边的管理者做到影正自明，律己达人，善思求新，宽容雅量。把"我"变成"我们"，校长的职责是为身边每个人的成长提供适宜的生态环境，明确任务，提出要求，使每个人在不同的岗位得到充分的培养和锻炼，在班子中倡导"主动、协作、高效、创新"，用影响力凝聚班子，把"我"的影响力变成"我们"的影响力，形成团结和谐、务实进取的管理班子，才能更好地共谋学校发展大计。

二、用影响力引共识，把"我"变成"我们"

和谐教育团队的建设需要富有责任心的教师群体为基础。责任是什么？责任是一种境界。生命因为有了责任才会拥有分量，事业因为有了责任才会亮出精彩。为了使老师们明确自己的责任和使命，用体会诠释人生，亮起尊重生命的引航灯。我们以不同的主题引导教师领悟人生并感受肩负重任，"人"，最简单的两笔，却是最难写好的字。做人，应当像"人"字一样，永远向上而又双脚踏地。人没有生命所有权，只有生命的使用权。人生最大的价值就是懂得付出，被人需要的感觉才是人生最大的快乐。责任是一种与生俱来的使命，切实履行责任，尽职尽责地对待自己的工作，才能完美地展现自身的能力与价值。引领教师认识到责任就是以认认真真的态度来完成工作，责任意味着付出，意味着奉献。不被困难所压倒，不为名利所牵累，始终保持朝气、正气和锐气。一个教师无论拥有多少才华、能力、多少学识、魅力，如果不能以正直、负责的品质作为依托，那么，所有的一切都是枉然。克服团队个别成员缺乏责任心、欠缺主动、不思进取、拖延懈怠、落实不力等造成的管理顽疾，一名教师，只有尽到对学生的责任，尽到对教育的责任，才算是好教师；履行责任的标准越高，其人生价值就可能越大。一个人道德修养的核心就是讲责任。因此，对自己应尽的责任认识得越早，越能健康快速地成长，也会在履行责任中实现自己的人生价值。学校将"爱、尊重、责任"作为每次全体会的主旋律，同时在方方面面的工作中不断深化，让团队中每一位教师明确"责任"是我们每个人都要担当的。

三、用影响力促发展，把"我"变成"我们"

  学校的发展要靠管理者和教师的共同努力来完成。将学校发展计划和教师个人发展规划同步进行，校长的第一要务是尊重、理解、信任、帮助每位教师。把"以师为本"的理念放在治校方略首位，牢固树立"教师的发展先于学生的发展"思想，把教师看作主人，尊重其主体人格，承认其主体价值。在日常的工作中，我们特别注重尊重教师的价值，开发教师的潜能，满足教师不同的合理需求，把个人价值与学校价值有机结合起来，在实现个人价值的同时，也为学校创造价值。我们努力通过学校精神、物质等层面的软硬件建设促使教师在思想、行动上与学校发展同步。设计独具匠心的活动，创设丰富多彩的情境，将教师的认识引领到学校发展的办学理念上，发动教师群策群力参与学校管理，让教师真心领会学校的各种制度与发展规划，将其内化为思想，外现为言行，潜心追求促进学校和教师双方平衡发展的支点，调动教师的工作积极性，挖掘其潜能，使他们各尽其能、各守其职，不断增强教师的责任感与使命感。和谐团队形成的关键就是对教师队伍的培养和对教师的任用。把学校的发展目标与教师的工作态度、感情、合理的利益诉求结合起来。在培养和使用教师的过程中要切实关心他们的思想、业务学习和进修，帮助他们不断进取，不断提高教育教学的能力与艺术。很多教师在工作中产生了价值感、成就感和幸福感，他们能保持平和的心态完成每一项工作，工作质量就会良性发展，学校、教师、学生整体的发展才能驶入自然和谐的轨道。

四、用影响力创氛围，把"我"变成"我们"

思想家爱默生曾经说："人生最美丽的补偿之一，就是人们在真诚地帮助别人之后，也帮助了自己。"一个团结互助的团队所遇到的任何困难都会迎刃而解，因为集体拥有个人无法比拟的无穷智慧。为此，学校以各种活动为载体，创设合作互助的各种氛围，培养和强化每位教师的大局意识，奠定把"我"变成"我们"的基础。拓展培训、元旦联欢、教师运动会、红歌展演赛等活动，无不激发了友爱之心、合作之情。"拓展训练把我们凝聚在一起，付出、助人都是一种幸福，彼此信任方能成功！""在团队的帮助下，通过学校搭建的舞台，我们每个人都有施展才能的机会；关键是战胜自己。""'我相信你们'这句话，我信了！我做了！我感动了！""这次活动使不同部门的同事拉近了距离，感受了团体的力量，发挥了每个人的潜能，并让我更加坚定了在集体中服从也能创造伟大！""虽然我们每个人不是最优秀的，但我们在一起就可以组成一个最优秀的集体。"这是教师们在参加活动后的真心感悟，想要成为一个优秀的团队，需要我们用真诚去面对集体中的每一个人，让这个集体里的每一个人，都感觉到心灵的温暖。每一根枝条都有自己的伸展方式，每一朵花都有自己开放的季节。学会欣赏他人，学会倾听他人的话语，学会客观地看待他人的言论，学会发现他人的优点，学会平和地对待他人的不足，学会在必要的时候让步、顾全大局，时刻谨记教育的责任感和使命感，以大局为重的教师也必定是一名同事欣赏、领导放心、学生爱戴的好教师。

"镂月成歌扇，裁云作舞衣"不仅是我们追求的理想教育意境，更是管理者不断追求的高超管理技艺和效果。校长应随教育团队共同成长，要在分担团队的忧愁、分享团队的幸福的过程中，拒绝平庸，追求高尚，在无怨无悔的奋进中，赢得尊重与爱戴。校长要用影响力凝聚身边的每个人，形成一支相互悦纳的教育团队。我们经常听到教师用到"同人"这个词相互称呼，其实称谓背后深刻的含义告诉我们，管理者之间、管理者与教师之间、教师与教师之间应持有同心同德、互赏互助、共担责任的态度。相互悦纳的教育团队中彼此之间还要共享微笑与泪水，这样才是一个和谐的集体、一个富有生命力的团队！

2023生态城精品课展示交流总结会发言

非常感谢我们教体局在推进生态城教育高质量发展的各项举措中组织这次区域内的精品课展示活动，给大家提供了一个相互学习、共享共进的一个平台，给中青年教师的专业成长搭建了舞台，也给我们提供了近距离伴随青年教师成长和提升的契机。今天我要和大家交流的话题是如何做好课堂教学工作。

首先，我们说说"教育热情"。2023年3月份，教体局的茹局长在校长群里推送了一篇《人民日报》微信公众号文章并号召各学校教师学习。文章内容是湖北省物理特级教师程启明老师坚持手写教案40年，目前已写100多本，累计400多万字，被赞为"活动的物理教案博物馆"。我们从照片当中看到程老师教案中书写工整的文字和生动的绘图，透过教案我们还看到程老师对教师职业的热爱和尊重。这种敬业的精神和对教学的热情值得我们永久点赞。

其次，我们说说课堂教学的"核心任务"。2022年版新课标的颁布，凸显了知识本位向素养本位及学生发展的转变，强调了核心素养的导向。任何一门学科的目标定位和教学活动都要从素养的高度来进行。价值引领、思维启迪、品格塑造是学校和教师的三大核心任务，所以我们课堂教学的目标是要完成这些核心任务。

最后，说说我们课堂教学的"教学评一体化"。"教学评一体化"成为我们课堂教学课改的突破点，这是一套组合拳，我们应该怎么打好这套拳，正是我们在新课标的指引下，不断探索和实践的，这次精品课展示就是为我们打开了一扇窗。新课标要求课堂教学的落脚点是培养学生的核心素养，而核心素养的培养是以知识学习为载体的。设计评价导向的"学习情境与学习任务"，首先要求的是教师能够进行指向核心素养发展的评价设计，也就是教师能够根据教学内容引导学生学习的过程，看见学生的核心素养的发展。本着"以终为始"的思想，看见核心素养，再去思考学习情境与学习任务，其实就是通过学习情境与学习任务促进学生的学习。很多年轻教师在设计学习情境与学习任务时，难点都在于没有思路，不知道从何处开始入手。其实设计灵感就源自我们的真实生活，它可以是任何事情，尤其是教师自己的亲身经历与生活。教学设计是创造性的工作，需要教师把纷繁的思绪捋清楚，把学习的目标以及个人的真实经验有机地融合在一起，形成我们所设计的学习场景与学习任务。

通过多年的教学实践及管理工作，深深感悟到"只有不断突破自我，才能不断点亮他人"，我们要了解每一个学生，相信、尊重、爱护、欣赏每一个学生，经营好我们的课堂，让我们和学生一起成长，与领导、老师一起办好一方教育，服务一方百姓，成就一代孩子。

童蒙养正与学科育人

一、浅析童蒙养正

每个人有意义的一生都需要终身学习，从呱呱坠地到垂垂老矣都需要不断地学习实践修炼，古语道："胎婴养虚，幼儿养性，童年养正，少年养志，中年养德，老年养福。"人生不同阶段也是从他育到自育的循环教育过程，从而成为最好的自己，体现生命的价值和意义。《易经·蒙卦》中对"童蒙养正"的思想有这样的叙述："蒙以养正，圣功也。"就是指从学生童年开始要对其进行正确的教育引导，这样的过程和意义恰似圣人的功业。从古至今对孩子的教育和期望实质都离不开通过好的环境养成各种优秀美德，得以"养正"。"养正"，"养"意为培养、滋养、涵养、修养、教养等，它或者是吸收积淀，或者是潜移默化，或者是氛围熏陶，或者是实践体验。"正"为正气、正义、正直、正道等，引申为基准、标准、榜样等。以"正"为目标，以"养"为手段，强调外在的培养与个人的修养有机统一。童年时期的价值导向对一个人的一生都产生巨大影响。小学阶段是儿童期的关键，养其心、正其行，形成良好的品行品性和正确的价值观至关重要。通常情况下，具有正确价值观的孩子也是阳光积极，做事有目标且充满正能量的。为此，童蒙养正为孩子的未来发展奠定重要的基础。

二、管窥学科育人

习近平总书记说："要从党和国家事业发展全局的高度，坚守为党育人、为国育才。""育人育才"是我们教育的根本使命，是每一位教师立足岗位的根本职责，同时还是学科教学的最根本宗旨。最新修订的课程标准以核心素养为主要维度，不仅强调了教育的育人本质和课程的育人功能，还强调了学科教学要突出以学科核心素养为目标的育人价值取向，进一步明确了学科教育的育人方向。

每个学科都有其独特的育人价值，因其所承载的学科知识、思维品质、语言表达及学科教育中蕴含的丰富育人思想是不同的，不同学科对不同的学生能起到专享或特殊的发展作用。教师要从学生的个性特点及发展需求着眼，为每个学生提供唯有在这个学科的学习中才可能获得的实践和体验，通过育人以情、育人以理、育人以史、育人以美等，体现学科教学目标和育人目标内在的一致性。让学生在不同的学科教学中获得多方面的滋养和润泽，不断丰富他们的思想，拓展他们的能力边界，充盈他们的心灵，满足他们身心成长的需要。

值得一提的是学科育人不是为了完成"养正"任务而强行加进教育内容去实施的，它的关键在于教师要认真研读新课标，钻研教材，充分挖掘教育因素，联系育人目标延伸使用教材，体现学科育人的针对性和有效性，要让学生在接受学科文化知识的过程中，受到思想的熏陶和耳濡目染的言行影响，做到"润物无声"。

三、在学科育人过程中实现童蒙养正

中华民族从古至今始终注重孩子的德育，《三字经》《弟子规》等都是古代童蒙养正的启蒙范本。现在我们通过学科育人对孩子们进行美德培养，从学科教学走向学科教育，是在传承优秀中华文化基础上，完成立德树人大任的进一步再实践再探索。

美国儿童发展心理学家科尔伯格的道德发展阶段理论，让我们明确了学科育人应在学生不同年龄阶段有所不同。在小学阶段（6~12岁），为了使学科育人的价值最大化、育人效果最优化，需要教师不断提升自身素质，不断探索和实践，才能完成时代赋予的学科育人的历史使命。现以我校语文学科为例，展现我校语文教师学科育人的具体做法。

1. 兴趣为先，因材施教，确定学科育人的内容

我国明代哲学家王阳明先生有言："……因事启沃，宽心平气以熏陶之，俟其感发兴起，而后开之以其说，是故为力易而收效溥。"教师实施学科育人应以培养学生对所学学科学习的兴趣为基础，引导学生积极去追求对学科更深的理解，去探求学科领域的奥秘。对学生的教导应该顺着他们的天性，因材施教，涵养心性。直达学科育人的实际效果。早在两千多年前，孔子在教育实践的基础上创造了因材施教的教学方法，并成为我国传统的教学原则之一。各门学科教学，都蕴含与"人"密切联系的学问。教师在教学过程中，需要充分了解学生的个体差异，调动学生学习的积极性，才能充分发挥学生的主体作用，从而达到学科育人的真正效果。

根据小学低段学生求知欲强、活泼好动的特点，在语文教学及学科活动上进行深入探究。为了充分激发学生学习古诗的兴趣，教师在线上教学期间，创造性地使用AR技术，让千年之前的诗人从课本中"走"出来，进行一场"穿越时空"的对话，并布置"诗配画"的创新作业，利用文字与图画之间的碰撞，更好

地理解古诗的意境。在"教—学—评"一体化的引领下，课程评价也是学科育人活动的重要组成部分。根据各学期的教学内容与教学安排，低年级语文教师制订了丰富多彩的闯关活动以及特色作业展示，在考察学生知识的基础上，也具有浓浓的趣味性。

(1) 充分关联教材，精选育人活动内容。语文学科组教师开展"童声朗朗"朗读活动，每两周挑选一个和语文教材、时事节日等相关的主题内容，发布主题后请同学们挑选合适的文章进行朗读并录制视频，班内评选出优秀作品后在年级再进行评选，选出"最美朗读者"进行表彰。此育人活动符合新课标中"文学阅读与创意表达"学习任务群的学习要求，提高了学生的语文阅读兴趣，让学生在优美的朗读中感受文学语言和形象的魅力。同时，1~3年级还开展"小小朗读者"主题活动，学生模仿央视《朗读者》节目，邀请家长做嘉宾，以绘本为主题，在读什么书以及怎样读方面对学生进行了积极正确的引导。4~6年级开展"读书漂流"、"阅"享交换空间活动、学生开展各种形式的班级间互换阅读书籍，或者同学之间交换书籍，扩展了阅读量，实现了课外书籍的资源共享。除此之外，学科组还开展了"走进中新友好图书馆"活动，学生实地走访参观社区图书馆，从而扩宽了阅读视野。

(2) 充分利用课本"综合性学习"，开展各种学科活动。如四年级"轻叩诗歌大门""家乡的风俗"活动等，培养学生探索学科奥秘。五年级"我爱你，汉字"活动中，学生利用业余时间搜集甲骨文、篆文等相关资料，加深对中国汉字的了解与热爱。再如六年级"难忘小学生活"活动，学生们通过制作成长纪念册，策划毕业典礼等，利用六年所学，结合本身的语文素养，以实践的方式表达对小学生活的怀念及对母校的感恩。螺旋上升式设计，使目标的达成循序渐进。

(3) 充分利用寒暑假，完成有特色的作业。学生利用寒暑假时间，走出课本、走出学校，将语文学科的"听、说、读、写"融入生活中。通过生活手账，发现生活中的小美好。借助一张张附文字的照片，记录生活点滴及自己的感悟。通过画画并附感受的形式记录春节期间一家团圆的幸福时刻。通过班级周刊，以文评、书评、影评以及书法练习的形式，抒发自己的学习感悟，展现自己的进步足迹。

2. 习惯为重，尊重成长规律，确定学科育人的主题

由于不同的学生存在年龄和性格的差异，在设计教育主题时要有针对性。例如针对刚入学的一年级学生要注重从培养他们正确的行为规范开始,让他们从小养成良好的行为习惯以及应有的礼仪礼节等。

"少成若天性,习惯成自然。"良好的行为规范是校园活动正常开展的前提,更是小学生健康成长的保证。自学生入校伊始,教师在培养学生良好日常行为习惯的同时,也非常注意培养学生的读写姿势。"写规规范范中国字,做堂堂正正中国人",希望同学们能够养成良好的学习习惯,做一棵在祖国大好蓝天下茁壮成长的小树苗。学校"善美书院"栏目定期组织主题为"写好中国字,做好中国人"的书法大赛活动。书法作为汉字的书写艺术,是中华民族的文化瑰宝。为规范孩子们的书写姿势,提高书写基本功,激发孩子们对书法的兴趣,设计了书法讲座、分会场书写比赛、优秀作品展等一系列活动。学生们在主题活动中横竖撇捺、起笔收笔,用心书写每一个字、每一句诗。一个个规范的汉字在孩子们的笔下灵韵涌动,一笔一画都诉说着自信和勇敢,将汉字的形体美、文化美深植于学生心中。

3. 发展为要,结合学科特点,确定学科育人的目标

每门学科都是先贤们长期认识和改造世界的思想成果,所以我们的传承任务责无旁贷。教师结合新课标学科素养的要求和学科教学内容的深度解读与学生已有的各学科领域经验相联系,有的放矢预设学科育人目标,比如,用中华优秀文化精华去更好地补充并发展学生已有的认知和实践经验,1~3年级通过开展"课本里的艺术",朗诵或者表演课本中的诗词或文章,感受课文本身的魅力,锻炼表达能力,增强自信。"一年之计在于春",春天是孕育生命的季节,同时也是读书的好时候。在温暖的春天,在课文《找春天》的引领下,教师以"古诗吟诵"和"绘本阅读"两项活动为载体,按下新学期的开启键。培养学生珍惜大好时光,热爱大自然的美好品质。培养学生们良好的行为品质以及尊师重教的传统美德。二年级组教师以文艺展演活动为依托,带领二年级学生吟诵《弟子规》,在丰富学生校园生活的同时,更好地感知中华优秀传统文化。

4~6年级学生通过制订"红色手记",感受革命历史的发展及革命家的伟大精神。通过期末"五育闯关大联合"活动,制订"五育小达人"闯关卡,实现跨学科学习。通过带领学生开展"品名著,有奖竞答"活动,加深学生对名著的理解,引发其阅读兴趣。

根据学情，以培养学生对学科学习的兴趣作为起点，四年级语文组教师们基于教材挖掘整合其中蕴含的文化载体，推出以"跟着课本品文化"为主题的跨学科系列活动。学生初步收集教材中已习得的描写四季的古诗，再通过多种渠道搜集课外古诗，接着有感情地熟读成诵，体会诗词意境，感受音律之美，品析诗人对四季的审美情趣。品读、吟咏、悟诗，通过全新的五感体验，学生在文化熏陶中实现古诗词与个体生命的碰撞，进一步提升文化品位，实现文化传承。学生结合自身的生活经历、情感体验，放飞想象，诗意表达。

4. 素养为上，结合学科知识，探寻学科育人的契合点

教师应以学科知识和教育内容的契合点展开学科育人。如科学学科，可以培养学生严谨的科学态度和研究科学的正确方法，培养学生热爱科学的情感。再如结合道德与法治学科特点，让学生懂得国家和个人的关系，国家利益高于一切，从而厚植爱国情怀。同时像感恩教育、诚信教育、安全教育等主题教育应统筹贯穿学科育人课内课外的全过程。

语言文字是人类文化的重要组成部分，是学生们学好其他学科的基础，同时在增强凝聚力，筑牢中华民族共同体意识，实现中华民族伟大复兴等方面具有重要作用。低年级组语文教师在深入研读新课标的基础上，结合教材中的革命单元，为学生普及革命文化知识，让学生们得知今日的生活来之不易。同时，为了降低学生们的理解难度，通过观看革命影片《小兵张嘎》、演唱革命歌曲《红船新一代》《闪闪红星》等活动，让学生从视觉、听觉的角度，全方面体会革命精神。高年级语文教师挖掘或利用教材中的爱国主义、优秀传统文化等内容，在教授学生知识的同时，引导学生体会情感，激发学生爱国主义情怀。《为中华之崛起而读书》课本剧的排练展演，厚植家国情怀。开展"校园戏剧节"，将课本中的经典片段搬上舞台，如六年级学生通过表演《寻找鲁迅的足迹》《桥》等深刻感受人物形象及品质。通过毕业典礼的诗歌朗诵及剧情表演，怀念校园时光，感恩母校。

在学期期末，语文教师设计闯关活动"重走长征路，萌娃智闯关"，以长征路线图为依托，把长征路上的重要地点设为不同学科关卡。学生们在"闯关"的过程中既检测了本学期的学习内容，同时也了解了红军两万五千里长征途中的艰难险阻，在趣味闯关中传承长征精神。本次活动特别设置了心理环节，由"三军会师"引出主题——红军如何团结社会各界，广交朋友，建立抗日民族统一战线

的呢？邀请学生们帮红军找到交朋友的"三个法宝"。此次活动将人际关系教育、红色教育、理想信念教育、爱国主义教育贯穿在整个过程中，寓教于乐。组织学生巡游故道河，感受春天的生态城，并用学到的诗词及课文赞美大自然。参观大沽炮台，感受革命伟人的踪迹。

总之，我国自古至今都非常重视德育教育，童蒙养正在现代教育教学中通过两条途径实现，一是通过德育课程和德育活动实施；二是通过学科课程实施。学科课程的根本任务是学科育人。为此，当下教师需要从学科教学向学科育人转变。教师应该在尊重学科教育规律、恪守学科思想、传承学科文化、保持学科内在逻辑的基础上，科学协调，适时适度，合情合理地运用不同的方法开展学科育人，实现童蒙养正。在学科育人过程中，需要教师准确把握学生特点和学科特点，培养学生的正确价值观，以知养正、以情怡正、以规矩正、以行践正。浸润经典文化熏陶，传统美德感染，实现潜移默化育人，突显童蒙养正的价值和学科育人效果，完成立德树人根本任务。

参考文献

[1] 吴海燕, 张耀东, 白向玮. "三全育人"的实现路径和保障机制研究 [J]. 湖北开放职业学院学报, 2018, 31(23): 82-83.

[2] 韩雪娇, 刘志. 高校思想政治工作体系构建内生动力的作用机制 [J]. 思想教育研究, 2021, (12): 139-144.

[3] 钟明英. 小学语文古诗词教学的相关探讨 [J]. 西部素质教育, 2018, 4(9): 204-205.

激活校本研修系统，助力教师专业发展

自 2010 年《国家教育规划纲要》提出"为每个学生提供适合的教育"以来，从教育管理者到一线教师一直在努力探寻，试图找到最适合的方法，引领学生健康快乐地成长。学生的成长离不开教师的点拨，教师的专业发展又深深影响着学生的成长。联合国教科文组织、经济合作与发展组织（OECD）都强调教师专业发展在教师专业化过程中的重要性。OECD 通过教师教学国际调查 TALIS 结果分析得出结论：以学校为基础的教师专业发展活动效率最高。"基于学校的专业发展活动"是指基于学校环境持续的教师学习活动，在这些活动中教师与同一所学校的同事合作，重点关注实践中的问题，聚焦真实的学生作业和课程案例。教师此类的专业发展活动，与提升所教学科的知识理解和教学能力、学生评价和评估、学生行为与课堂管理、跨学科教学技能等方面的教学实践水平有显著正相关。因此，如何引领教师专业发展至关重要。在思考和践行这个问题的过程中，校本研修成为关键一环。它以学校为基础，强调把学校作为教育教学研究的基地；教师是教育教学研究及促进学校和师生共同发展的主体，以在课程实践过程中所面临的教材、学生等各种具体问题和困惑为学习和探究对象，依托学校的校本研修系统，实现自我成长和专业发展。本书旨在探讨学校激活校本研修系统，刷新教师发展空间的方法与途径，以期达成教师思想增量，观念增值，结果增效的校本研修系统运转愿景。

一、整合学校各项资源，提升教师专业发展素质

校本研修是以提高教师教育教学和科研能力，促进学校和师生共同发展为最终目标，通过理论学习、实践观摩等方式，使教师主动并乐于接受的一种校内在职研训学习。学校以区块链的思维模式将校本培训、校本课程、校本管理等有机地结合起来，从而实现相互信任、资源共享、同伴互助，促进教师个体专业发展和群体业务水平普遍提高的共赢目的。

(1) 整合集备组内资源，增强集备效果。发挥集备组长的作用，组织调剂好组内教师每学期所准备的交流内容。本着各尽其能的原则，围绕教材内容，普通教师首先选择，难度大一些的授课内容通常由骨干教师承担；集备组每周定时开展活动，教师分别讲解自己所负责的那部分教材内容，说出怎样设计教学，为什

么这样设计等。让每一位教师以研究者的眼光审视、分析和解决自己在教育教学中遇到的实际问题，在教案设计过程中须有留白，让每位教师在集备活动中整合大家的教学思想，不断补充自己在教学实践中的思考，完善自己的教学行为。

(2) 整合教师人力资源，增强师徒互勉共进。为了进一步培养青年教师队伍的专业能力，注重教师的整体发展，让每一位教师都成为行家里手，采取多种措施关注教师的自主发展，提供支持教师发展的环境。整合各学科骨干教师资源，坚持在校内开展认师傅、结对子、带徒弟活动，即由骨干教师与青年教师结对子；由"一对一"的单向结对，逐渐发展为"一对N"的多向结对，学校对徒弟教师实行重点指导，在专业发展的道路上，对他们的成长过程实行跟踪指导。

(3) 整合职能部门资源，构建研修互动互助平台。将教科处、年级组、研学组、备课组的力量整合起来，定期开展校级研修互动互助活动，组织各部门教师进行异人同课的说课、观摩课等展示活动，鼓励教师运用人工智能等多种媒体平台进行上课、说课。然后，引导教师积极评课，研讨交流，分析不同类别主题的教学内容设计优势和存在的问题，在思维碰撞中，教师如同把自己的教育教学行为照了镜子，"红脸""出汗"之后，结合学情，认真思考，汲取精华，及时弥补自己的不足，提高解决教学实际问题的能力，同时也促进师资队伍整体素质提升。

二、促进有效自我反思，提升教师专业发展需求

美国教育心理学家波斯纳提出了一个教师成长的公式：成长＝经验＋反思。教师反思过程就是教师对自我教学行为及结果的审视和分析过程。它是校本研修活动的基础和起点，善于在实践中提出问题，同时又能回归实践活动中解决问题。教师通过自我反思、自我总结，写出自己教学过程中的得与失，更好地实现发现自我、更新自我、提高自我、发展自我的目的。

(1) 以马斯洛的"需求层次理论"为依据，提升教师专业发展的动力，将理论学习纳入研修内容，挖掘教师自我价值体现的内驱力和原动力，实现教师对自身专业发展的憧憬和追求，将教师自己默认的被动受训者的客体地位转变成主动研修者的主体地位。

(2) 以引领骨干教师专业发展为龙头，探索骨干教师成长的规律，在指导学校骨干教师写好个人反思的同时带动其他教师共同参与其中，在反思中改进，在改进中满足教师专业发展需求。

(3) 以外出学习为契机，重视每一次外出研修、听课、听讲座等活动机会，外出教师撰写相关学习心得和问题思考，回校后与大家分享交流，开扩校内教师的思路与眼界，激发教师的专业发展需求。

(4) 以科研课题研究为引领，这是教师认知升级的过程，是使教师知识不断更新、知识结构不断改善并趋于合理的过程。教师通过科学研究的方法，探寻解决教育教学问题的途径，而且通过教科研来弥补自身知识、技能的缺陷，转变教育观念，并能及时总结积累经验，升华教育认知，提升教师专业发展需求。

(5) 以课后反思为着力点，注重在教案后面写好"教学反思"，重点把课堂临时发生的事件，如何自然地处理，如何使教学环节无痕衔接，如何培养学生将知识有效地迁移并转换成学习力等方法都记录下来，作为教学研究、交流分享的资料，扎扎实实做好服务教师专业发展各项需求的过程管理。

(6) 以教育教学活动为平台，展示自我研修、同伴互助的成果。学校教学骨干、研学组长、备课组长率先垂范，带领所有教师定期在教学沙龙、教学辩论会等活动中交流自己教育教学过程中的方法、体会、反思等，在教师个人的专业发展道路上发挥螺旋上升蓄势蓄能的辅助作用。

教师自我反思是教师自发表现出来的对自我教育行为的一种关注和反省，同时又是结合具体的教育教学情境，对达成教育教学目标有意识的思考。正如我国著名的心理学家林崇德教授所说："如果一个教师仅仅满足于获得经验而不对经验进行深入的思考，那么即使是有 20 年的教学经验，也许只是一年工作的 20 次重复。"可见教师个人反思能力对于促进教师专业发展的重要性。

三、加强学科研学组建设，提升教师团队生发能力

学科研学组是教师专业发展的主要环境，研学组同伴研讨等活动是教师提高专业素养的重要途径。教师的专业发展不仅要靠自身的发展目标定位和不懈努力，还要靠宽松的环境以及良好的机制激励。没有制度的管理和约束，没有良好的激励机制，校本研修活动将失去凝聚力和生命力。把校本研修活动与学校及教师的个人发展相结合，逐步形成开放、民主、有效的各项制度，以这些制度做保障，明确研修任务，加强过程管理，才能有的放矢，更好地激发团队研学活力。

(1) 在原有学科研学组管理制度的基础上不断完善，确立学校督学定向定性督查指导，研学组组长整体规划布局，备课组组长具体实施的研学组管理网络。

弘扬集体意识与协作精神，发挥学校骨干教师的示范带动作用，使个体有特色，群体有优势，促成校本研修系统的有效运转。

(2) 建立乐群的竞争评价机制，使研学组获得可持续发展的动力。采取横向和纵向交错的整体性、多元性、综合性评价，在对教师教学质量的评价措施上既注重教师个体层面上开展各种超越自我的评优活动，又关注教师群体相互协作的各种竞赛活动，强化组内成员的聚合力和组际之间的竞争力，以促进组内成员的自主合作及共同发展。评价研修效果时注重考察教师的行为改变和思想的创新性，以增强教师在专业发展过程中的重塑性和递进性。

(3) 将科研与研学有机结合在一起，改变科研活动只是围绕一个固定的课题所做的单调周期研究的做法，使科研与研学紧密结合在一起。遵循"问题即课题、教学即研究、成果即成长"的原则，从课程、教法、关键能力、学生素养等方面展开研究。为了使各学科研学组教师迅速成长，更好地进行教育教学工作，注重支持骨干教师承担各级科研课题，指导青年教师围绕问题进行自己的小课题研究，从日常的教育教学中选题、从成功的教育教学经验中选题。在教科研的动机上，注重"内需"；在教科研的选题上，注重"创新"；在教科研的实施上，注重"过程"；在教科研的评价上，注重"实效"。

以教科研能力的提升促进研学组成员整体教科研水平的提高，坚持以关注教师专业发展为根本，以促进学生的健康成长为宗旨，以课程实施过程中教师所面对的各种具体问题为研究对象，向教学实践回归，凸显教师专业发展的可持续性以及促成教师团体生发能力的整体提升。

四、拓展研修深度和广度，刷新教师专业发展空间

校本研修系统需要教师自觉主动地参与和激活才能更加有效。只有激发教师自主参与研修活动的积极性，有效激活校本研修系统，拓展研修活动的深度和广度，才能更好地将教师的自我发展需求显性化。把研修学习的内容与教师自我发展目标结合起来，各取所需，以保持目标的激励导向作用。促使教师积累经验并逐渐自觉自发地调整自己的教育教学行为或引起行为潜势的改变，积蓄教师可持续发展的不竭动力。

(1) 构建研修网络。即实施三级分层研修网络：集备研修（同年级同学科研究）、研学组研修（不同年级同学科研究）、校级研修（不同年级不同学科研究）。

每周按时按计划实施活动，如学习研修、专题讲座、教研沙龙等，及时、准确地找出并解决教师教育教学中存在的问题和困难。

(2) 更新观念，认知升级。坚持业务理论学习，让教师意识到只有不断学习、思考、交流、实践才是专业成长和发展的根本，培养教师向终身学习型教师转化。组织教师结合自己实际工作认真学习教育教学的新理念，学会理解和吸纳，对自己的教育教学行为及其相关结果的有效性进行反思、评价，积累鲜活的一手资料，形成有价值的教学反思、教育札记、教育叙事和教学工作总结等，以达到"实践＋反思＝成长"的效果。

(3) 延展研修学习通道。为了避免校内"高原期现象"问题，学校一方面积极为教师提供外出培训学习的机会，通过汲取外面先进的教学理念和经验，提升教师专业水平和能力；另一方面聘请校外各级专家、名师走到教师身边，开展"手拉手"教学指导和专业引领活动。

(4) 以课堂为载体。课堂是校本研修的根，校本研修应扎根课堂，研究课堂。一是教研组互相听课评课，从"对学生关键能力培养、对学生审辩思维培养、课堂多元文化渗透、崇尚科学的创新品质"四个维度讨论，共同分享经验，提升教学智慧；二是针对教师上的某一堂课在组内进行说课、评课，以提升驾驭生成环节的能力；三是开展同课异构、同课同构、微课展示等课堂观摩活动，相互学习启发借鉴，实现共同进步的目标。

(5) 建立微网论坛。发挥网络时代的优势，在校园 App 平台上按计划列出不同研修专题，以学分制管理方式鼓励教师跟踪互动，分享自己的教育教学故事，并在交流互动中提出自己思考的问题，不同的信息在这里交织、汇集、重组，新的思想不断闪现，形成多种信息资源的交融创新。

(6) 创设校本研修资源库。为了夯实校本研修的过程管理，促进教育教学研究成果的转化和推广，学校可根据教师自身发展的实际需求，整合校内外各项资源，积极创设网络校本研修资源库，将学校教师的成功教学案例、教育教学心得，备课组的说课评课材料，研学组的课题研究材料，教科处教案评优推选的优秀教案，优秀展示课的影像资料，自我研修的学习材料等进行及时收集整理，分类呈现，规范管理。帮助学校教师留下职业生涯的成长足迹，同时让思想创新的火花落地生根，便于每一位教师学习品鉴、参考吸纳、践行超越。

总之，校本研修是教师专业发展需要的一种环境、一种空间，更是一种文化。因为教师的工作不仅是一个研究课程、研究教材、研究学生的过程，也是一个不断研究自我、提升自我的过程。校本研修帮助教师进行系统的全面反思，总结经验体会，提炼研修成果，发现新的问题并寻求相应的对策。教师只有注重自己教学实践经验的累积，促进认知提升，才能不断提高自己的教育教学质量。校本研修系统一方面促使教师的教育观念逐步更新，师德素养和教育教学、科研能力都得到提升，另一方面也调动了许多教师的专业发展积极性，激发了教师对循环往复工作的创新性，为每个学生自然、快乐、健康的成长提供适合的教育奠定坚实的基础。

逐光而行，情系"双减"督导之路

2019年，滨海新区人民政府督导室聘任为责任督学，负责天津中新生态城教育督导工作。众所周知，天津中新生态城享有"教育之城"的美名，2021年7月以来，"双减"工作落地实施，恰逢滨海新区抓住创建基础教育国家改革示范区的契机，以天津中新生态城为龙头，打造"优质之城、创新高地"，努力使其成为全市一流、全国知名基础教育国家创新示范核心区，为中国教育事业发展提供滨城方案。为此，倍感责任重大和使命艰巨。

一、思想引领，追寻一束光

为充分做好区域"双减"督导工作，不断加强学习，努力提升个人的政治水平和政策水平。作为中国教育学会小学教育专业委员会理事，笔者具有强烈的开拓进取精神，不但刻苦钻研教育教学业务，还勇于创新教育督导形式和方法，积极深入研学政策、法规，读懂做实"双减"工作；心无旁骛推进"双减"督导工作，将督导过程视为提升区域学校整体办学水平的桥梁，引导各学校明确教育发展方向，保持为党育人、为国育才初心，全面贯彻党的教育方针，发展学生综合素质，培养德智体美劳全面发展的社会主义建设者和接班人。在督导工作中，笔者将自己对政策的精准解读和学习收获与各学校管理者及教师们进行深入沟通和交流，帮助大家充分理解以"双减"为抓手，推动教育观念、教育体系、育人方式、教育评价、家校社协同等多方面工作的深刻变革。助推区域学校画好"双减"同心圆，进一步发挥好学校教育主阵地作用，着力提高课堂教学水平，注重"调结构、提质量"的作业设计和布置。同时，加大力度丰富课后服务项目，提升课后服务管理水平及课后服务质量。执着追寻"双减"政策助力"办人民满意的教育"那束光。

二、锚定目标，成为一束光

习近平总书记提出"要在教育'双减'中做好科学教育加法"。科学教育做加法，不是知识层面简单的量的积累和附载，而是科学教育和学科教育相互融合促进。科学教育要解决的不仅是学习知识体系，还要培养学生的科学素养。为了更好地指导区域学校锚定"双减"工作的目标，做好科学教育的加法，笔者率先垂范带领自己所在的生态城实验小学先试先行，积极探索。从提升课堂教学质量到开展丰富多彩的主题课外活动，从编排课后服务课程设置到参加各级各类科技创新大赛，给学生们提供各种合适的机会，为他们创造良好的生长环境，"双减"政策实施以来，学校荣获滨海新区第十二届青少年科技创新大赛"科技创新十佳学校"，学校提交的以"智能生活，创在华夏"为主题的科创案例作品荣获天津市"优秀案例汇编学校奖"，学校喜获"优秀组织学校奖"，实验学子全婧瑶等同学荣获"优秀学生作品奖"及全国、市、区科技创新大赛多个奖项。学校被评为 2022 天津市青少年"津彩阅读·崇尚科学精神·展望科学未来"读书系列活动优秀学校。实验小学"喜迎二十大，科普向未来"主题活动之"书香颂百年，科普绘未来"读书活动还被评为 2022 年全国科普日优秀活动。学校荣获 2022 年"科创筑梦、助力双减、科普行动"全国优秀单位。躬身实践出真知，笔者带领实验小学团队在敢为人先的不懈努力中，科学教育做加法取得的每一项成绩都为"双减"督导工作打下坚实基础并提供了可参照范本，努力把实践经验锻造成为教育"双减"路上"可模仿、可复制、可推广"的那束光。

三、辐射带动，散发一束光

课堂教学作为育人主阵地，在"双减"督导工作中，自然也成了"督"和"导"的重点项目之一。笔者注重发挥教育教学业务骨干辐射带动作用，不仅在平时深入学校课堂听课指导，更是抓住教育督导契机，延伸督导半径，点面结合，打好"双减"督导组合拳。例如，2023 年 5 月在生态城开展的 2023 年优质精品课观摩分享交流活动中，作为责任督学，通过对各学校精品课的教学点评，引导青年教师脚踏实地践行新课标，把持课堂从知识本位向素养本位及学生发展转变，让课堂教学提质增效。强调价值引领、思维启迪、品格塑造是学校和教师的三大核心任务，"双减"课堂要认真完成这些核心任务，深入浅出的讲解为在场的青年教师做好"双减"指点迷津，使他们方向明、目标准，带动区域"双减"课堂改革走实走深。

笔者在工作中不仅用心、更用情擦亮"督导"初心，全心全意服务一方百姓，认真总结积累督导工作中的管理经验并积极分享交流。2022 年 8 月，笔者受邀参加天津市全域科普教育成果展示活动颁奖大会，并做客天津电视台《校长谈科普》访谈栏目，向全市中小学校介绍了生态城实验小学科学教育的特色布局。可模仿、可复制、可推广的科学教育做加法办学经验，让更多的兄弟学校学习借鉴参考，共同绽放"双减"的明艳之花。2023 年 3 月，笔者应邀参加在江苏南京举办的全国第二届名校校长论坛，立足"双减"课堂，围绕从学科教学走向学科育人主题，结合督导工作的生动实践，做了主旨报告，阐明将立德树人融入学科教学之中，实现教书与育人的和谐统一，培养学生面向未来的核心素养，得到来自全国教育界同人的好评，彰显了滨海新区天津中新生态城区域教育改革的创新成果和影响力。2023 年 6 月，生态城实验小学作为滨海新区"课后服务示范引领试点校"，将升级为 3.0 版本的课后服务课管理模式，在全区做典型经验介绍，聚力散发"共享共进"的那束光。

"双减"督导路漫漫，一路走来，笔者积极发挥一名优秀共产党员的模范先锋作用，边学习边总结边提升边实践，让督导工作找准瓶颈、靶向指导；率先垂范、完善措施；发掘典型、宣传学习。在滨海新区创建基础教育国家改革示范区整体宏观布局下，努力让"双减"督导工作成为助推生态城学校发挥地域资源优势，科学管理、特色鲜明，高质量创新发展，为实现全市一流、全国知名基础教育国家创新示范核心区目标不懈拼搏。

案例篇

用智慧"经营"课堂

早在数年前，与一位外籍教师攀谈时听到"Run the class"（经营课堂）一句话时，不理解它的含义。如今在英语教学领域辗转了十八个春秋，仍不断地品悟着它的含义。

回首走过的路，18年真可谓"弹指一挥间"。在教授6种不同版本的教材过程中，接触的学生以高年级居多。对于低年级，尤其是一年级孩子们的课堂学习状况了解甚少，不过，总觉得知识量小，肯定好教，但是直到教了以后才发现，事实并不是想象的那样简单。所以，刚开始教一年级时，觉得"力不从心"，"磨合"一周后，才找到感觉——要知道学生需要什么，才能经营好自己的课堂。

与其说找到感觉，不如说懂得解读学生更贴切一些。第一次迈上一年级课堂的讲台时，心里还稍有一些紧张。学生当时的样子至今记忆犹新，一张张稚嫩的小脸，向笔者投来好奇的目光，仔细一看才知道，原来他们好奇的是笔者手中的教具，而不是笔者这个老师。学生误把笔者做的教具当成了玩具。是啊！"玩"是孩子的天性，他们天真、活泼，喜欢玩、做游戏、比赛等。如果老师能在课堂上带着学生一起"玩"，那该多好啊！为了实现这一愿望，笔者着实动了一番脑筋，在设计"At school"一单元"What's this?"句型的教学时，以游戏活动贯穿整节课，让孩子们在玩中学英语，寓教于乐，乐在学中，将孩子们动手、动口、动眼、动脑的活动运用到本课教学中。其中有这样一个环节，当笔者把改良后的一个视力表贴在黑板上时，学生们表情有些疑惑，好像在问："老师您要做什么？"笔者指着视力表，神秘地说："今天，我们要来比一比，看看谁的视力好。"话音刚落，教室里便热闹起来，怎么上英语课还要查视力，真有意思！不管怎样，只要感兴趣的，学生们都要试一试，坐在后排的Sam同学首先自告奋勇来做。我指着视力表中第一行的一幅图问："What's this?" Sam很快答出："It's a plane." 第二行、第三行都很顺利，Sam与老师对答如流，但指到第五行时，已经看出Sam的眼神有些吃力了，他的视力得到了c级。真是一石激起千层浪，看到Sam的视力成绩，其他学生再也坐不住了，迫不及待的心情已让他们忘记了举手的姿势。"老师，我的视力是班里最好的。"这时坐在中间的Tony自荐着说道："让我试试吧！"笔者连忙说："那好，咱们让他试试。"

这时有几个同学已经噘起了小嘴，"我也想试！"尽管只是喃喃地自言自语，还是被笔者的耳朵猎取到了。没想到这个"测视力"活动不只激发了学生的学习兴趣，还增加了学生的表现欲，学生在笔者所设计的活动中使用所学的句子问答。整堂课学生的思维一直处于兴奋和积极探索状态之中，他们能够运用所学语言知识，做到真实地交流，在大量习得语言的基础上学得语言，从而掌握了语言的功能，就是学会了"What's this?"这个句子，我们能用它做什么，在哪些语境中应用。这节课笔者感受到：教师的智慧能使语言教学变得生动有趣。用智慧设计活动，把语言知识的学习与语言技能的训练有机地结合在一起，帮助学生正确理解语言意义知识，同时达到学以致用的目的。在本节课活动中，学生积极主动地习得语言是一个亮点。笔者把知识和学生的生活经验相结合，选择"测视力"的活动，并以此为主线展开教学，牢牢地吸引了学生的注意力，唤起了学生强烈的情绪反应，从而丰富和加深了他们的情感体验，促进了其心理发育。

下课后，很多学生蜂拥而至，来到黑板前面，津津有味地议论着这张"视力表"，有几个学生意犹未尽，又互相用英语测起视力来，突然，有个孩子高声说道："我也会做这样的视力表。"随即，周围的学生也附和着，并纷纷表示明天做好拿给老师看。原以为这些都是学生一时争强好胜的语言，没想到，第二天上课时，居然有十几位同学要用自己亲手制作的视力表给其他同学测视力。更没想到的是，学生设计的视力表中，有用图表示的，还有用单词表示的，超出了笔者的想象范围，确实令人赞叹不已。用图与学生交流是通过图像反映单词读音，培养学生的记忆力，而用单词与学生交流，培养的是学生的单词认读能力，后者是前者的升华。学生的创造力真是了不起，这节课我们又上得很有收获，也很开心。上节课，笔者还在为自己的发明而叫好，这节课，却情不自禁地为学生喝彩，因为，他们真的超越教师了。

想当初，我们的教学大多讲究的是课堂上教师讲授了多少个知识点，教学方法是否精益求精，布置了多少练习，辅导了多少所谓的学困生，学生最后考了多少分……学生对知识的接受是在一种教师预设的环境中实践着教师、教材、大纲的教育目标。试想，一个人有知识，能说明他有智慧吗？他可能无数次地重复他人现成的结论、现成的答案，自己却不善思考，不去探索，更不会去发明与创造。如果教师是这样一个知识人，那么学生将会被培养成什么样的人呢？知识重要，但智慧更重要，教学需要的是教师超越知识的智慧。每当悟到这些时，似乎对记忆中的那句"经营课堂"才有所理解。经营需要策略，策略则需要智慧。智慧是创造的源泉，其实学习英语也是一种创造性的过程，当我们用各种方法激发学生的创造力和想象力的时候，也发展了学习语言所需要的能力和方法。关键是教师要开动脑筋，充分了解学生的需要，用自己的智慧解读教材，创造性地使用它，最大限度地满足学生对学习内容、学习方法的需求，用智慧启迪学生的心灵，让他们的思维在教室里无拘无束地创造性地发挥，用智慧经营课堂，使我们的课堂获得最大的教学效益。

别告诉妈妈

立德树人是教育之大任。苏霍姆林斯基曾说:"若只有学校而没有家庭,或只有家庭而没有学校,都不能单独地承担塑造人的细致、复杂的任务。"学校教育和家庭教育都是为学生发展服务的,双方教育工作相辅相成,才能相得益彰。出了问题,家校之间要多一些沟通,多一分理解。学校和家长之间要相互支持、相互协作,找准问题,共谋育人策略,才能让教育落地生根、开花结果。

一、案例背景

小明是2018年8月转入我校就读二年级的小学生。该生一年级时曾因"身体原因"休学大半年。从入校起,小明就展现出与其他同学十分不同的行为习惯,且不同程度上严重影响着自己和他人的学习生活,具体表现如下。

(1)不能约束自己,课堂上随意发言。无论在什么学科的课上,只要自己想要说话,不分场合不分时间,想说就说。如果没有提问到他,他就会更加随意持续地大声地讲话,甚至下座位动手碰抢其他同学的东西,导致课堂无法继续进行。

(2)没有礼貌,在校园,见到老师不打招呼,对老师和同学脱口而出不文明用语。经常与本班或邻班同学动手打闹。在老师教育引导时有斜着眼睛看老师、吐口水、做鬼脸等不雅行为。面对学校主任和老师们的教导一律视若无睹并顶嘴。

以上是小明的典型表现,还有诸多小问题,比如经常在课上课下嘲笑同学,随意编造谎话糊弄老师、同学,个人卫生极差,等等。

二、案例过程

笔者的办公室恰与二年级在同一层,办公室斜对面是学生卫生间。刚开学的一天早上,正在办公的笔者猛然听到楼道里传来一阵阵叫喊声,在疑惑中快速打开门冲到楼道里,只见小明同学在走廊里一边喊一边迎面飞奔过来,不顾执勤老师劝阻,一路上被撞到的同学都不由得叫出声来,他却因此兴奋无比。看到笔者,小明的脚步虽慢下来,但头却扭向另一边,假装没看见笔者一样,进入卫生间。笔者心想:这个小家伙,开始演戏了。等到小明走出卫生间,看到笔者依然站在对面,先是下意识地看看我,然后拔腿就跑。笔者示意执勤老师拦下他,然后走过去拍拍他的肩膀,微笑着说:"你是小明吧?到我办公室,咱们坐下来聊聊你刚才的表现。"小明瞟了笔者一眼，顺口说出："我不去！""那好，你先回去上课。放学的时候，你留下咱们再谈。"小明立刻皱起眉头着急地说："不行，放学时妈妈来接我。别告诉妈妈！""为什么不能告诉妈妈？""妈妈会生气，身体就不好了。"一席话让笔者突然看到一丝曙光，如何帮助班主任及任课老师解决对这个学生的管理难题，有了初步设想。稍纵即逝的"孝心"意识就是小明潜在的闪光点，我们应该把这点作为突破口，用尊重、爱心、耐心进行螺旋递进式教育。

三、案例分析

经与小明父母沟通，我们大致了解了基本情况。小明的父母年纪较长，父母对孩子十分在乎，然而小明婴儿时期到幼儿时期身体状况不佳，据妈妈口述，他的命都是捡回来的，所以家人对他从小十分宠爱，觉得能平安活下来就已经很好了，平时疏于管教，造成了他的规矩意识非常薄弱，甚至很放纵，这才形成了性格上的偏执和我行我素的习惯。

根据对小明和其家庭的了解，我们对小明性格的形成也有了基本认识，主要原因如下。

(1) 家庭条件优越，父母教育管理不严格，疏于对孩子的管教引领，父母有时力不从心，家庭经常出现父母教育方法不一致的情况，父母言行不一致，不能树立榜样形象。

(2) 家庭成员人员构成简单，平时与同龄人沟通较少，一直宠在妈妈的衣襟下，缺少人际交流锻炼，没有各种规则意识，缺失的一年级阶段使其不善于与同学和老师交流，不会通过协商解决问题。

(3) 想吸引周围人的注意，强调自身的存在感，对于长辈的话开始并不能完全认同和接受，有一点"孝心"意识，担心妈妈不要他，但又不知道如何表达真实想法，更不知道如何自律约束自己。

四、育人策略和效果

根据分析与诊断，笔者和班主任及任课老师们制订并实施了如下策略，并收获了可喜局面。

1. 晓之以理，动之以情

古人云："感人心者，莫先乎情。"尊重是温暖的化身，也是师生情感交流的先决条件。尊重意味着关怀、理解、接纳。实践证明，学生心灵的禁锢一旦被打破，管理者与被管理者之间架起了"情感的桥梁"，学生就会感到老师和蔼可亲、可信、可敬，就会"尊其师、敬其道、效其行"，就愿意接近老师，愿意接受意见，愿意聆听教诲，对老师的管理教育也就心悦诚服。

尊重和接纳学生是取得学生信任的前提，而信任是沟通的前提。刚开始，老师和同学们都不了解小明的过往，对他的言行举止很不理解，孩子们刚开始觉得很好笑，后面渐渐就开始有了些许烦躁或者跟风，所以常常产生矛盾。大家从行为上要么就是模仿不好的表现，要么就是总让他站在别人的角度想，而没有人站在小明的角度想，也似乎没有人愿意听他倾诉。实际上，他也把自己包裹起来，用锋利顽劣的一面去迎接这个崭新却又不适的环境。针对这种情况，经过和班主任的沟通，老师们学会去接纳他，理解他的所作所为，无形中让他心里舒服了很多。他刚开始那种试探性的话语少了，面对同学和其他老师，也没那么有攻击性了，虽然也总是说些看似不着边际的话语，但这里面却包含了他的心理活动。经过一个学期和笔者、班主任还有各任课老师的多次交流，他对我们开始有了信任。班主任花费了很多时间尝试着多渠道去帮助和引导他。

2. 家校合力，用心陪伴

苏霍姆林斯基说："教育效果取决于学校和家庭影响的一致性。"改变学生往往同时要改变家长，校正教育观念，与学校教育同步。为了达成教育共识，笔者与家长进行了多次沟通和商议，达成共识并做好计划。由于家庭教育从溺爱式到引导式的教养方式急剧变化，小明并不能马上适应这种突然的转变，从而在身体和心理上都开始排斥，排斥老师的教育，也排斥家长与老师的沟通，但他最爱说的一句话就是"别告诉妈妈"。每次看到笔者或者班主任老师和妈妈在说话，小明就发狂似的不停地拽走妈妈，好像这样就不用再面对自己的问题，又可以回到自己那温暖又不被人打扰的港湾。

当家长按计划分阶段地根据"陪读策略"到课堂来听课，小明的现实表现让父母开始焦虑，随着小明的行为被其他同学及家长有意无意地提到，且认真负责的任课教师们也开始反应他的"异常"课上课下表现，他们越来越感受到自己的孩子和其他学生的不同，对自己的孩子束手无策，甚至心灰意冷，失去信心。此时，家长求助于笔者，笔者耐心做思想工作并提出建议，坚定家长的信念，告诉家长教育也是需要合力的，我们与学生交流的同时更注重家校合作的力量。班主任老师每天和家长沟通，及时了解孩子在家的真实情况并适时给出积极建议，比如"制订家规，确定原则"，让家里原有的溺爱型教育变得有规可循；再比如"守住阵地，奖惩有别"，让每一份努力和不足都有针对性地被重视；又比如在孩子面前"会表扬，会批评"，守住孩子的自尊心，也让家长不要过于担心孩子的适应状况，给父母信心的同时也是帮助学生赢得信任的渠道。里应外合，家校配合助推着学生在校和在家的表现。老师每天的沟通文字和话语里流动着的是对孩子的关心和爱。在此期间，我们和小明的父母有过意见相左，但也常在交流孩子的改变和进步时热泪盈眶。

3. 捕捉优点，超越自我

老师们都记得笔者提醒大家的一句话：每个孩子都有属于自己的闪光点，我们要把他们的闪光点挖掘出来，并尽可能地使其葆有活力，常有常鲜。为此，小明所在的班级推出了"人人有岗位，人人要负责"的值日班长制度。根据学生个人"公能"积分，整个学期进行了三次全班性的值日班长轮换制度。小明的嗓门很大，班主任就引导他试试当路队队长，由于他的规矩意识并没有那么强，刚开始的前几次管理并不那么顺利，但由于和小伙伴有了合作和配合，慢慢地小明也开始注意自己的行为和言论，不能给自己这个职务抹黑。紧接着，我们趁热打铁，小明特别依赖妈妈，也十分怕妈妈不理他，所以我们利用这个契机充分肯定小明的孝心和进步，以此激励小明在卫生值日方面也为班级和家庭贡献自己的力量。起初并没有那么顺利，小明会因为顽皮常把清扫工具当作玩具，但通过妈妈在家的鼓励和提前安排好的奖励机制，我们共同把孩子的卫生整理能力提升起来。有了这两个闪光点，再加上他非常爱看课外书，阅读量很大，我们在读书推荐会和班会上让小明充分地表达和分享，让他逐渐参与到这个集体中来。即使闪着微弱的光，只要心中照亮美的火不灭，那孩子的闪光点就永远不熄。

4. 抓住契机，触动心灵

小明由于没有上全一年级，他的入队礼实际上是缺失的。他不知道什么是红领巾，他也不知道如何做一名合格的中国少年先锋队队员。但是，从他总是抢夺同伴的红领巾并且学着同学们敬着不规范的队礼可以看出，他内心其实非常渴望成为一名光荣的甚至骄傲的少先队员。为此，在学校与家长的多次面谈沟通和学生心理疏导过程中，我们逐步达成了一致，要破格给孩子举办一次只属于他一个人的定制入队仪式。在这期间，小明的妈妈领着他去了四川大凉山参加了志愿服务活动，在山区，小明看到了贫困山区孩子们的学习生活，并且用他自己的实际行动给予了他能力范围内的帮助和关心。借此契机，我们在紧锣密鼓的准备中迎来了二年级特别的一天——小明的入队礼。在此之前，班主任在班级提前召开了动员大会，引导同学们发现周围伙伴的优点，当有人提到小明时，便渐渐展开，如此一来，同学们也更加认同了小明的入队仪式，并且非常期待。在这次入队仪式上，我们一起细数了小明的进步和改变，并且让他分享了在山区的经历，妈妈和他用了两个晚上认真准备的入队宣言字字表现了他想变得更好的决心，同时也彻底改善了他在同学们心中的形象。鲜艳夺目的红领巾，庄严肃穆的入队礼，为这一年的改变和进步画上了圆满的句号。

五、收获与反思

教育的过程是漫长的，效果不是立竿见影，更不是一劳永逸的。升入三年级，新班主任发现小明虽然在课堂上依然偶尔会出现随意插话、大声喊叫等行为，但老师给他讲道理时他也会越来越沉得住气地去倾听，而不是推开老师大喊大叫，回答问题时也更加有礼貌，见到老师也会很热情地打招呼，在和同学们相处的过程中，他逐渐找到了自己的价值所在，变得更加自信和阳光。越来越多的同学愿意帮助他、信任他、肯定他。关于小明的"烦人故事"虽然有，但明显变得很少了。尤其在居家学习期间，他的表现可圈可点，自理能力增强了，更加自律了。返校复学后，老师们都很高兴看到成长和进步中的小明，不仅长高了，也更加懂事了，我们再也听不到小明说"别告诉妈妈"这句话了。

看到现在的小明，笔者内心无比欣慰，为我们自己以及家长的努力和付出点赞，为我们家校协同育人的成功喝彩。家校协同，汇聚育人力量，才能呵护学生健康成长！老师对学生充满关爱，秉持一颗真诚无私的心灵，要有一双善于发现真善美的眼睛，要善于把握教育契机，根据特殊情境及时进行有针对性的引导。与此同时，发挥家庭教育的作用，就学生的情况和学生父母积极进行沟通，找准问题突破口，与家长达成共识并制订切实可行的教育计划，形成家校共育的良好局面。"十年树木，百年树人"，小明的故事告诉我们，每个孩子都是独一无二的，在他们漫长的成长路上，离不开家庭和学校对他们的爱心和耐心，给他们成长的机会和空间，保持教育的温度，在帮助引导学生进步的同时，我们也是在不断超越自我，这何尝不是一种创造性的付出呢？感谢小明，让我们通过家校共育实现了教育的双赢！

模块式教学设计模式框架思想
——人教版英语教材六年级上册第1单元第6课教学设计

设计要素	任务导入。			
教材分析	"Lesson 6"是人民教育出版社《英语》六年级上册第一单元的第六课。本单元要指导学生理解家庭、学校及公共场所应遵守的规则的意思并学习用英语表达。本节课是这一单元的第六课，主要指导学生在情境中学习用英语表述在公共场所应遵守的规则，并能在半真实的情境中运用所学语言进行交际。			
学情分析	本节课是这一单元的第六课，通过前面五课的学习，学生掌握了祈使句的肯定句及否定表达"Don't…"句型，还初步掌握了"You should…""You shouldn't…"以及"You mustn't…"句型来提醒、劝告别人遵守各种规则。"respect old people and help them"和"take good care of young children"这两个词组是本节课的新词，且这两个词组不太好上口。			
教学目标	1. 学生能够听、说并认读以下短语：respect old people and help them, take good care of young children, keep off the grass, spit on the ground, litter。 2. 能够初步运用You mustn't …及Look out! You must…句型来提醒、劝告别人遵守公共场所规则。 3. 通过学习，培养学生养成尊老爱幼的良好品质及讲究卫生、自觉遵守秩序的行为习惯。 4. 通过本课任务活动情景的设置，培养学生对英语学习的兴趣。			
教学准备	1. 空白的标志卡片作为奖励。 2. 电脑设计软件。			
教学过程	设计环节	教的活动	学的活动	设计理念
	导入交流激趣新课	任务导入 T: Today I have good news for you. Next week we'll have a social field activity about social rules. In this class, we'll select some leaders for this activity. Do you want to join it? (Show a poster to the students.) Do you know any social rules? （在本环节中除交代了本节课的任务外，还出示了评价工具，即空白的标志卡片。）	The students look at the poster and listen to the teacher carefully. Know the task of this class. Students tell some social rules they've learnt in Lesson 5.	将本节课的任务呈现给学生，激发学生的兴趣，启动学习动机，为相关话题的输出做准备，激发学生对话题的期待。 学生回忆第五课所学的内容，为下面的学习奠定基础。

	设计环节	教的活动	学的活动	设计理念
教学过程	体验感知 / 互动学习	1. Show a picture of a street. T: Look, there are some children near the street. They are very happy. But some of them do something wrong. (1)A boy is littering. T: Do you think he is right or wrong? Teacher makes an example with body language to show right and wrong. T: What do you want to say to him? Don't litter. No littering. Give a reward to the students who are right. (2)A boy and a girl are on the grass. T: Are they right? What do you want to say to them? Keep off the grass. 2. Play the video. Listen. What is happening? (A car is coming. A girl is going to cross the street.) T: It's dangerous. What do you want to say? What can you also say? Show a sentence: You mustn't cross the road now. You must wait. 3. Play the video. (1)T: Look, a young child is crying. What should we do? Show a sentence: Take good care of young children. Teacher asks a student to act as a crying child. T: Can you take care of the crying child? (2)T: We must take good care of young children. What about old people? T: We should respect old people and help them. （出示四个不同场景） T: What should we do? 3. Play the video. T: We should obey the social rules everywhere. Look at these people. What do you want to say to them?	Students tell what they think of the boy's behavior with their body language. S: Don't litter. No littering. Get a reward. S: They are wrong. Keep off the grass. Students watch the video and know it is dangerous to cross the street when the light is red. S: Look out! You must wait. Students say this sentence to the girl. Watch the video and know what we should do in English. S: We should take good care of young children. Do some things to take care of the child and ask the others to do it. Watch the video and say something to the person with wrong behaviors.	教师为学生提供一个公共场所的情境，指导学生通过看图、听音等不同形式呈现和学习、操练新知。 用手势来判断他人的做法是否正确，体态语的运用激发学生的学习兴趣和求知欲，使学生更热情地投入到学习中来。
	拓展延伸 / 操作实践	T: I see you have known these social rules. But can you make signs for the public? Show some pictures about places. Look, in the park, at the museum, near the river, in the library. Can you make signs for these places.	Make signs for these places by using the reward they've got.	为学生提供语言情境，指导学生运用评价工具来完成任务。

(续表)

	设计环节	教的活动	学的活动	设计理念
教学过程	整体回拓 反馈评价	1. T: Would you like to show your signs to us? 2. Choose the leaders for this activity.	Show their signs to the whole class.	检查目标落实，及时调整教学策略，帮助学生形成良好学习策略。
	板书设计 预留作业	Homework: 1. Read the story fluently. 2. Finish the signs after class. Unit 1 Lesson 6 Keep off the grass. Look out! You must wait. Take good care of young children. Respect old people and help them		
教学反思	在这节课上，充分地运用了评价工具，巧妙地将评价与学习新知结合起来，有效地发挥评价工具的作用。在课堂的开始便呈现任务，展示评价工具，鼓励学生积极获取，利用了学生的争强好胜心理，激发学生的参与意识与竞争意识。形体语言评价激发学生的学习兴趣和求知欲，使学生更热情地投入到学习中来。 教学过程中，注重为学生创设情境，使学生在情境中学习语言，并运用所学语言，体现了新课标要求的"Learning by doing. Learning by using. Learning for using." 此外，课文中的句子"take good care of young children，""respect old people and help them"不好上口，因而采用角色扮演方式，突破了难点。			

培养学生创新精神与实践能力的教学设计案例

课题	《先锋英语》1A Unit 5 Numbers	课型	新课
教材简析	"Number"是《先锋英语》1A Unit 5 中第二课时的学习内容。教材本身的内容只涉及了1—5五个数字的认读，但基于本班学生的实际英语学习水平，教师又增加了5个数字。本课是在学生对数字1—10的英文表达法有了一定认识的基础上设计的。		
教学目标	1. 能够熟练听、说数字1—10。听懂"How many…"句型并给出正确的答语。 2. 能够自然与实际生活相结合，将日常生活中涉及的数字熟练运用。 3. 通过学习活动，培养学生观察、记忆、反应、发散思维、创新能力。		
学情分析	学生是入学未满一学期的一年级小学生，他们天真、活泼，喜欢说、唱、玩、演、做游戏、比赛等，学习英语的热情极高，但他们的注意力不易持久，以无意注意式学习为主。		
教学重点	掌握认读10个表示数字的单词及"How many…"句型的理解应用。		
教学难点	对学过的知识加以综合理解、运用，并与实际生活相结合，增大英语知识的输入量。		
课前准备	录音机、自制奖励卡片、一次性纸杯、数枚硬币及自制"Numbers"课件。		

教学活动过程

教师活动	学生活动	设计意图
一、Warm—up 热身活动 教师用录音机放录音，并与学生一起表演。	Say the rhyme 学生表演童谣。	通过已经学过的童谣，为下一步本课的知识扩展打下基础。
二、Leading in 导入新课 1. 利用有趣的童谣导入，并通过课件展示出虚拟的"动物园"。 2. 引导学生参观虚拟的"动物园"。布置参观任务，师：在参观的时候尽可能记下每种动物的名字及数量。随后在小组中说一说。 3. 教师提问每种动物的数量以及颜色。答对的学生给予奖励。要求学生亲自到前面数一数，对自己的答案进行验证。（教师在与学生互动过程中适时评价学生，收到很好的教学效果，这也是教师激励学生的最佳途径）	学生认真听并观察，随后在小组活动中学生互相练习说动物的名称及数量。 学生仔细听问题，大胆说出动物的数量及颜色。能理解并回答出"How many？"的问题，到前面从课件中指出每种动物的数量。（当得到教师自制的带有不同颜色英文数字单词的奖励卡片时，学生都非常高兴，同时体验计算机操作也使他们异常兴奋。） 学生看画面，仔细听，跟着教师的语言动作，感知语言情境。（学生全神贯注地听，认真捕捉语言信息）	多媒体课件能够为学生创设生动的语言环境。激发学生学习的兴趣和创造激情。 学生带着任务学习，这样会产生自主学习的意识。小组中的交流培养学生的合作精神，通过对以前学过的动物单词进行复习，达到用更多的信息进行交流的目的。 在提问动物数量的同时复习了颜色的知识，让学生将学到的知识横向展开，避免了知识的孤立。让学生到前面亲自数一数，一方面验证了答案，另一方面也吸引了其他学生的注意力。
三、Activities 活动。 1. 教师看手表然后做出饥饿的动作，引入"购物"环节。提醒学生注意，教师读出每种食品的价格（均在10元以下），要求学生仔细听。 2. 教师请手中持有奖励卡的同学根据卡上的英文数字买相同价格的食品。可以小组内商量。 （教师在适当的时机引导学生如何合理地消费）	学生看着屏幕，努力回忆食品的价格，然后在组内讨论。最后把奖励卡贴到黑板上，买回食品的图片。（学生对数字单词的认读得到巩固。）	环节之间的过渡体现真实、自然的特点。因此，从参观动物园之后很累、很饿，自然过渡到去商店购买食品。这一步主要通过听食品的价格，训练学生的听力。反馈学生对所学数字掌握情况。

（续表）

教师活动	学生活动	设计意图
四、Games 游戏 1. 引导学生朗读黑板上的数字卡片。 2. 介绍游戏规则，开始游戏。用课件展示出三组日常急救电话、车牌号码等数字。提醒同学在小组中试着说一说。（教师在进行巡视时，对需要帮助的小组给予提示。） 3. 小组比赛，观看课件后教师提问每个号码的读法并对优秀学生进行奖励。 4. 听音猜想比赛。（教师将事先备好的硬币分别放进纸杯里，让学生听声音猜数字。） 5. 总结比赛成绩。（教师用"How many…"的句型请学生来回答）	学生再次认读黑板上的数字1—10。 完成游戏。通过游戏进一步加深数字的记忆。 小组中练习说电话号码、车牌号码等数字。 学生用清晰、连贯的语音语调说出每组号码。（巩固所学数字） 学生都屏住呼吸，认真倾听。当教师问"How many coins？"（有多少硬币）时，学生都争先恐后举手回答。	这个环节的主要目的还是操练数字，只是放在了更加贴近学生生活的情境中，使学生更感兴趣。 加深学生对本单元主要内容即数字的认识。同时起到再次突出本单元重点的作用。 通过前几个环节知识的积累，这一步更大地扩展了学生的视野，也使他们所学知识更贴近了实际生活。 对刚才的小组活动效果进行检查。 调动学生的多种感官参与学习活动，加深对知识的理解与掌握以及培养学生用所学知识解决实际问题的能力。 激起学生盼望下一节课到来的求知欲望。
板书设计	\multicolumn{2}{l}{Unit 5 Numbers one two three four five six seven eight nine ten}
作业设计	\multicolumn{2}{l}{培养学生的发散思维以及灵活、创造性地运用所学语言的能力。运用本课所学的知识创编新的对话。}
课件设计思路	\multicolumn{2}{l}{这节课如果没有课件，教师可能要花费大量的时间去画图、剪图、拼图，制作出一个森林或者商店的情境。虽然效果不会有太大的出入，但准备教具会花费很长时间，而且做出的教具也不便于保留。多媒体课件的优点在于能够为学生创设生动的语言环境，激发学生学习的兴趣，它易于保存，而且便于资源共享。}
补充说明	\multicolumn{2}{l}{课上教师充分挖掘学生无意识的心理活动，潜能并举，使学生思想高度集中，循着教师指导的方向，进行积极的、自觉的、有创造性的学习。课后学生能将所学的句子"How many?"及回答在相应的情景中使用，所以体现了"Learning by using. Learning for using."（用中学，学中用）的观念。学生们能够运用所学语言知识，做到真实的交流。}

跨学科主题学习教学设计

跨学科主题学习名称	职业服装秀风采 Shining Clothes for Different Jobs
选题背景	教师通过观察和访谈发现：小学生能够通过职业装辨别一些典型的职业，但是对于职业及职业装的具体了解还比较浅显，尤其随着新时代的发展，社会上又涌现出许多新兴的职业，而这些新兴的职业却没有职业装。学生想要了解更多的职业，渴望为他们设计职业装。教师结合学生需求，参照中国学生发展核心素养培养目标和《义务教育英语课程标准》（2022年版）中常见职业与人们的生活、懂得感恩等主题内容要求，设计了本次"职业服装秀风采"跨学科主题学习任务。本课程的学习通过引导学生认识不同的职业领域，让学生能够感恩和尊重劳动者的付出。了解部分职业装的演变，加深对中国传统文化深层次理解和认同，不断坚定文化自信。通过动脑动手的设计活动，大胆探究，培养锻炼学生的创新思维。在实践活动中弘扬中华民族守正创新、不断改革的奋斗精神。
学习任务	基于对各种职业的了解，感知不同职业领域和学生生活的联系，感恩各种职业的劳动者为社会服务做出的贡献，发起"感恩行动"，积极为不同职业的劳动者设计职业装。
学习目标	1. 英语价值：在真实、连贯的语言情景中运用英语描述职业装，发起"感恩行动"，设计职业装，分享设计心得。 2. 教育价值：了解不同职业领域，体会劳动者艰辛，培养"劳动最光荣"的价值观，增强社会责任感。 3. 社会价值：参与跨学科设计活动，通过欣赏中国优秀传统文化中的美学元素，增强文化自信，培养创新思维，提升对"人与社会"范畴中职业价值的认识，初步树立个人职业理想。
涉及学科	1. 英语：服饰词汇；常见职业词汇；不同职业制服的表达；职业装的种类、名称、颜色和用途。 2. 道德与法治：学习先进劳动者事迹，尊重劳动者，欣赏并弘扬中华民族自信自强、守正创新的奋斗精神。 3. 劳动与技术：参与各类职业劳动体验，探索并感知职业内容，体会劳动者的辛苦，树立正确的劳动观。 4. 美术：图案、色彩、形态等元素合理搭配知识，融合中国传统纹饰设计职业服装，审美能力，文化的传承与交流。

课程实施规划

学习主题任务	实践任务	课时
选题 （观察感知，确定研究主题）	任务1：观看视频，了解不同职业领域。 任务2：识别匹配，理解运用核心语言。 任务3：阅读语篇，梳理提炼职业装的特点。 任务4：搜集素材，分享职业装特点及设计意图。	课时1
规划 （合作探究，讨论研究主题）	任务5：参与职业劳动体验，描述职业装。 任务6：分享交流，讨论职业装作用，总结凝练职业精神。 任务7：分享劳动者事迹，畅谈职业理想。 任务8：发起"感恩行动"，思考设计职业装。	课时2
实施 （分析讨论，实施研究计划）	任务9：回顾历史，了解职业装的演变。 任务10：欣赏提炼美学元素，创新设计职业装。	课时3
结题 （交流评价，展示研究成果）	任务11：小组合作，展示设计成果，分享设计心得。	课时3

跨学科主题学习课时教学设计表

第 1 课时	
学习目标	1. 观看视频，了解不同职业领域，描述职业名称，熟知不同职业服饰。 2. 识别职业装，理解运用核心语言，并能够匹配典型职业装与其对应职业。 3. 理解对话型语篇"The Lost Uniform"，提取、梳理语篇中职业装的特点及其设计意图，并与小组成员进行交流。 4. 小组合作，通过搜集、获取素材，选择运用喜欢的方式分享职业装特点及设计意图，展示学习收获。
重点难点	重点：学生认识不同的职业领域，正确匹配各类职业与其职业装；理解对话型文本"The Lost Uniform"的主要内容；准备学习成果。 难点：搜集、获取信息；展示成果的制作。
学情分析	学习经验： 本课时重点在于认识不同的职业领域，能用英语描述职业名称和熟知的衣服、职业装。因此，语言本身的要求对学生而言是学习的难点。课前，教师对学情进行了访谈调查，结果显示，80% 的学生知道不同的职业领域，对于英文的表达却不知道；90% 的学生能掌握"shirt""uniform""skirt""vest"的单词发音；50% 的学生表示对"Is this your..."句型发音有困难；80% 的学生对消防员职业服有一定的了解，100% 的学生表示对英文版语篇不理解。 生活经验： 80% 学生知晓一些常见的职业，并能够识别与其对应的职业装。10% 学生了解一些职业装的特点和设计意图。 可能存在困难： 如何设计展示成果并用英语完整叙述对学生有一定的挑战。
课后任务	1. 学生独立或以小组合作方式完善信息的搜集和作品的完成。 2. 搜集身边劳动者的事迹。

教学过程			
学习目标 1 观看视频，了解不同职业领域，描述职业名称，熟知不同职业服饰。			
实践意图	教师组织	学生活动	学业要求
结合道德与法治学科和英语学科，学生通过先进人物事迹了解不同的职业，结合已有经验和知识，交流，认识不同职业领域，描述职业名称，熟知不同职业服饰。	1. 教师组织学生观看劳动模范事迹视频（中英文），猜猜先进人物的职业，教师提出问题，如： -What's his/her job?	1. 学生在教师的引导下，观看先进人物事迹视频，了解各个先进人物的事迹，思考问题，得出结论。 What's his/her job? 预设 1： He's a doctor. 预设 2： He's a policeman. 预设 3： He's a fireman. 预设 4： He's a spaceman/astronaut. 预设 5： He's a scientist.	能够对英语学习产生兴趣，主动参与课堂活动，与同学一起围绕相关主题进行讨论，用简单的语句描述图片内容，意义连贯，句子形式基本正确。
	2. 教师出示图片，引导学生观察图片中的信息，思考展示的图片是什么服装。 -To thank them, we wash clothes for them. Now the clothes are clean. -Do you know these clothes? -What's this?	2. 学生观察图片，思考问题，得出结论。 预设 1： It's a shirt. 预设 2： It's a skirt. 预设 3： It's a uniform. 预设 4： It's a vest	
学习目标 2 识别职业装，理解运用核心语言，并能够匹配典型职业装与其对应职业。			
实践意图	教师组织	学生活动	学业要求
学生能够与先进人物"面对面"进行对话，通过分析与比较，匹配与之相对应的职业服。	3. 教师为学生展示先进人物的职业服，以闪现的几张学生校服为线索，引导学生思考并提出问题。如： -Is this your school uniform?	3. 学生观看图片，思考问题，得出答案。 预设 1： Yes, it is. 预设 2： No, it isn't.	能够围绕相关主题与他人进行交流，达到交际的目的。

实践意图	教师组织	学生活动	学业要求
	4. 教师继续展示图片，引导学生思考，图片中的职业装是哪一位先进人物的。接着教师依次展示先进人物照片，以与先进人物"面对面"的形式引导学生思考并提出问题。如： –Is this your coat? / Is this your uniform? / Is this your shirt?	4. 学生观看图片，理解并思考问题，经过分析、比较和推断得出结论。 预设1：Yes, it is. 预设2：No, it isn't.	

学习目标 3
理解对话型语篇"The Lost Uniform"，提取、梳理语篇中职业装的特点及其设计意图，并与小组成员进行交流。

实践意图	教师组织	学生活动	学业要求
阅读语篇，了解丢失的职业装的特点及设计意图，运用所学语言对其进行描述、交流与表达。	5. 教师呈现语篇，提出问题，组织学生阅读语篇，引导学生思考问题，进行小组讨论。如： (1) What does the uniform look like? (2) What color is it? (3) When does the man use it? (4) What will happen without the uniform? （选做）	5. 学生结合问题，阅读语篇，整合信息，以小组合作的形式讨论问题，得出答案。 The Lost Uniform MAN: Hello! I lost my uniform, can you help me? POLICEMAN: Yes. What does it look like? MAN: It's orange. It looks cool. And it's easy to see. POLICEMAN: Do you usually wear it? MAN: No. I usually wear it when I go to the rescue site（救援场地）.Oh, it's also fireproof. POLICEMAN: I know. Is this your uniform? MAN: Yes, it is. Thank you	能够读懂语篇，将语篇内容与课堂学习活动进行关联，用简单的语句进行描述与表达，意义连贯，句子形式基本正确。

学习目标 4
小组合作，通过搜集、获取素材，选择运用喜欢的方式分享职业装特点及设计意图，展示学习收获。

实践意图	教师组织	学生活动	学业要求
发展学生在真实的语境中交流与表达的能力。同时通过完成学习任务，体验搜集信息、展示信息的过程，发展理性思维。	6. 教师组织学生以小组的形式汇报，用喜欢的方式展示学习收获。	6. 学生通过小组合作，网络搜集，获取信息，分享语篇中职业装的特点和设计意图。用喜欢的方式（文稿、图文结合的小书、海报、演示文稿）展示学习收获。	能够围绕主题，用简单的语句进行交流，表达自己的情感、态度和观点；提取、记录搜索到的主要信息。

	第 2 课时
学习目标	5. 在教师的指导下，分组进行"职业体验"，描述职业装，完成职业小任务。 6. 小组交流，讨论职业装所发挥的作用，总结凝练职业精神。 7. 分享身边劳动者事迹，总结职业体验感悟，畅想自我职业理想。 8. 感恩劳动者，发起"感恩行动"，思考为不同职业的劳动者设计职业装。
重点难点	重点：参与职业体验活动，描述职业装；综合运用所学语言知识表达自己职业体验的感受；畅想自我职业理想。 难点：综合运用所学语言知识表达自己职业体验的感受和自我职业理想。
学情分析	学习经验： 本课时重点在于分组"职业体验"，感悟并尊重劳动者的付出，能用英语描述职业装，表达自己的职业体验感悟和自我职业理想。因此，语言本身的要求对学生而言是学习的难点。课前，教师对学情进行了访谈调查，结果显示，90% 的学生能掌握"doctor""policeman""fireman""teacher"的单词发音；90% 的学生能够掌握"This is…"句型的发音；80% 的学生认识一些典型的职业装，对于英文的表达却不熟知；100% 的学生能够用中文表达身边劳动者事迹和自己的理想职业，对英文的表达却不熟知。 生活经验： 70% 的学生知道身边人的职业，50% 的学生通过观察能够发现身边劳动者的事迹。90% 的学生有自己的理想职业。 可能存在困难： 用英语描述职业装及身边劳动者事迹有一定的困难，对自己职业理想的完整叙述有一定的挑战。
课后任务	学生独立或以小组合作方式发起"感恩行动"，思考如何为不同职业的劳动者设计职业装。

教学过程			
学习目标 5 在教师的指导下，分组"职业体验"，描述职业装，完成职业小任务。			
实践意图	教师组织	学生活动	学业要求
学生参与"职业体验"活动，通过将劳动与技术学科和英语学科的整合，拓展学生学习、实践的空间和途径	1. 教师首先向学生介绍课前为同学们准备的典型职业装，组织引导学生分组轮流试穿，并试着运用语言知识介绍穿着的职业装。如： -There are four kinds of clothes for four jobs. Try on the clothes and then try to introduce them. -Do you like your clothes? -Why?	1. 学生在教师的引导下，观察职业服，思考其对应职业。以小组为单位试穿不同职业的服装，尝试运用语言知识介绍职业服，并表达喜恶。 预设1：This is my uniform. It's blue. I like it. 预设2：This is my coat. It's big and white. I like it. 预设3：This is my shirt. It's comfortable. I like it. 预设4：This is my uniform. It's orange. I like it.	学生参加职业体验，能够根据需要，围绕相关主题与他人交流，表达自己的情感、态度和观点。
	2. 教师组织指导学生身穿职业装，完成劳动小任务，并表达自己的感受。如： -Students with fireman uniform try to help to water our trees and flowers for our school. -Students with policeman uniform go to the school gate and keep our school safe.	2. 学生完成劳动小任务，体会劳动者的辛苦，并表达自己的感受。 预设1：Firemen use water to put out the fire. I use water to water trees. 预设2：Policemen keep people safe. They're great. I keep our school safe. I'm so tired now. 预设3：Work is not easy. 预设4：Work is so hard.	

学习目标 6 小组交流，讨论职业装所发挥的作用，总结凝练职业精神。			
实践意图	教师组织	学生活动	学业要求
学生在职业体验中思考各个职业的工作内容和其职业装发挥的作用，融合道德与法治，在教师的帮助和引导下小组讨论劳动者职业精神和贡献。	3. 教师组织引导学生思考各个职业的工作内容、其职业装发挥的作用。如： -What did they do? -Did the uniform help?	3. 学生在教师的引导下，思考归纳，回答问题。 预设 1：They work for the people. The uniform helps. 预设 2：They work for the patients. The uniform helps. It makes the patients be calm. 预设 3：They put out of the fire. The uniform helps. It's fireproof.	学生经过职业体验，思考各个职业工作内容和其职业装所发挥的作用，围绕相关主题与他人交流，表达自己的情感、态度和观点，提升理解、分析、归纳的能力。
	4. 教师引导学生展开小组讨论，讨论劳动者职业精神及贡献。如： - What spirit can we learn from them? - What did they contribute?	4. 学生思考问题，展开小组讨论，以小组为单位，进行分析讨论。 S1：They are brave. S2：They are hard-working. S3：They contribute to our country. S4：They work for the people.	

学习目标 7 分享身边劳动者事迹，总结职业体验感悟，畅想自我职业理想。			
实践意图	教师组织	学生活动	学业要求
通过学生分享，了解身边劳动者的事迹，畅想自我职业理想。运用所学语言在真实的语言情境中进行交流与表达。	5. 教师组织引导学生分享课下搜集到的身边劳动者的事迹。如： -There are many people around us contribute a lot to our country. - Who wants to share?	5. 在教师的组织下，学生交流课前搜集的身边劳动者的事迹，学生积极分享劳动者事迹。 预设 1：My aunt is a doctor. Since the outbreak of COVID-19, she almost works from early in the morning until late at night every day.	围绕相关主题进行交流、分享，表达自己的情感、态度和观点，达到交际的目的。
	6. 教师展示不同职业者图片，启发引导学生畅谈自己的职业理想。如： -We see so many people around us. They are doing different jobs. -What do you want to be? What will you do?	6. 学生在教师的指导下，观察图片，思考并积极分享自己的职业理想。 预设 1：I want to be a doctor. I will save people's life. 预设 2：I want to be a policeman. I will keep people safe. 预设 3：I want to be a teacher. I will teach people to be good.	

学习目标 8			
感恩劳动者，发起"感恩行动"，思考为不同职业的劳动者设计职业装。			
实践意图	教师组织	学生活动	学业要求
发展学生在真实的语境中交流与表达的能力。通过"感恩行动"，为不同劳动者设计职业装，思考为哪一个职业设计职业装及如何设计，发展理性思维。	7. 每个人身边都有很多默默无闻不求回报、无私奉献的劳动者，教师组织号召学生发起"感恩行动"，为不同职业的劳动者设计职业装。 -There are many people around us contribute a lot to our country. -We need to say thank you to them. -Each group tries to design clothes for different jobs.	7. 学生在教师的指导下，发起"感恩行动"，积极思考为不同职业的劳动者设计职业装。 预设 1：I want to design clothes for Olympic athletes. 预设 2：I want to design clothes for couriers.	能围绕相关主题与他人进行交流，表达自己的情感、态度和观点，达到交际的目的。

第 3 课时	
学习目标	9. 了解古今职业及服装演变，能够看图识别匹配，找出其中的美学、科学元素，从中感知时代发展、国家富强。 10. 通过观看学习祖国发展成果视频，理解"自信自强、守正创新、踔厉奋发、勇毅前行"的中国精神，畅想 2035 年未来职业及服装。团队协作，为 2024 年奥运会中国运动员设计参赛服。 11. 能够展示设计成果并运用所学语言分享设计心得。
重点难点	重点：了解古今职业及其服装演变并能看图识别匹配职业与服装，找出其中所蕴含的美学、科学元素。使用语言：Is this your…? Yes, it is. No, it isn't. Look! This is a … It's… If you put it on, you can… 难点：结合美学、科学元素，创新设计运动服并展示设计成果。使用语言：This is a … That's a … It's… I hope you like it.
学情分析	学习经验： 本课时重点在于不同职业服装的创新设计过程，能用英语描述与分享设计成果和心得。因此，语言本身的要求对学生而言是学习的难点。通过前两课时的学习，90% 的学生已经掌握了一些常见的服装类词汇，能够识别匹配职业及其服装。70% 的学生能够运用颜色、形状、大小、长短等所学语言描述职业装。50% 的学生能够调动所知语言，例如"I think…""I can…""I hope…"等句子表达自己对职业服装特点及设计意图的认知。90% 的学生通过参与职业劳动体验已初步树立了"爱劳动，懂感恩"的价值观。这将为本节课学生创新设计职业装奠定基础。 生活经验： 30% 的学生具有较好的美术基础，对中国优秀传统文化有一定的了解。 可能存在的困难： 1. 如何善用中国优秀传统文化中的美学元素创新设计职业装对学生有一定挑战。 2. 如何用英语表达自己的设计心得对学生存在一定难度。
课后任务	尝试将设计成果制作出来试穿并谈谈感受。

教学过程			
学习目标 9 了解古今职业及服装演变，能够看图识别匹配，找出其中的美学、科学元素， 从中感知时代发展、国家富强。			
实践意图	教师组织	学生活动	学业要求
感知时代发展、培养家国情怀和人类命运共同体意识。挖掘职业服装中的美学元素，为创新设计提供思路。培养学生对优秀文化的鉴赏能力。锻炼学生观察、理解、分析、总结的能力和发散思维。	1. 教师向学生展示呈现集中职业的老照片，引导学生猜想其职业并说出名称。 提问： What's his job? Is he a teacher? Let's greet him.	1. 学生在教师引导下跟随历史卷轴，穿越时空，观察老照片中的几种职业的人物，猜想其职业并尝试说出名称。包括：医生、教师、警察、邮递员等 预设 1： Look! He is a doctor. Hello! Doctor. Nice to meet you. He is a ... They are ...	学生观察图片，用语言猜想职业。学生通过教师渗透时代变迁，国家富强，增强生活幸福的民族自信意识。认识中国文化图案，培养文化鉴赏能力，增强文化自信意识。学生挖掘运动服中蕴含的科技元素，拓展科学知识，开拓创新设计思路。
	2. 教师引出情境，时代发展迅速，生活发生巨大变化。请古人们穿越到现代来感受时代的变迁。请学生打开历史百宝箱为古人找到对应的职业装，并练习核心语言。 语言提示： Hello! Is this your...? Here you are. Welcome.	2. 请古人来到现实生活中感受时代的发展、生活的变化。学生利用历史百宝箱，帮助古代人物找出与其职业相匹配的现代服装。 预设 1： Hello! Is this your...? Here you are. Welcome. Is this your...?	

	3. 教师出示2008年北京奥运会中国运动员照片，请学生猜想他们是谁，引导学生在百宝箱中为中国运动员找出服装。 提问： Who are they? Is this her...? Can you help them find their uniforms?	3. 课件中出现2008年北京奥运会中国运动员的参赛照片。学生猜想他们是谁，随后在许多款式的运动服中找出2008年北京奥运会的中国队服装。用语言询问中国运动员。Is this your...? How nice!	
	4. 教师引导学生用所学语言简要分享如何找到中国队服装，并将龙纹、祥云图样呈现在课件中。 提问： How did you find it? What colour is it? What can you see on it? What does it mean?	4. 学生用语言分享如何找到中国队队服，并找出其呈现的传统图案。 预设1：Look! The T-shirt is red and yellow. It looks like our nationd flag. 预设2：I can see a dragon and some lucky clouds on the jacket. 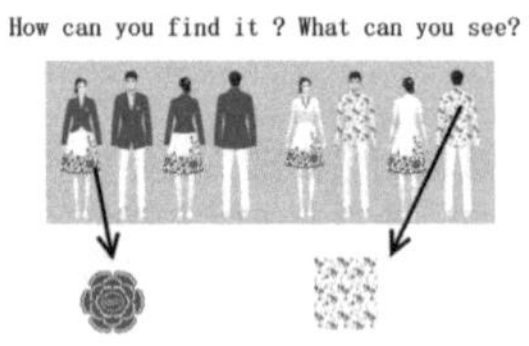 	
	5. 教师出示运动员的邮件，以图文并茂形式呈现中外文化图案。组织学生以游戏形式找出更多中国传统吉祥图案。	5. 学生"接收"来自运动员的邮件，观察中外文化图案，在其中找到并积累更多中国传统纹饰。 	

案例篇

学习目标 10 通过观看学习祖国发展成果视频，理解"自信自强，守正创新，踔厉奋发，勇毅前行"的中国精神，畅想 2035 年未来职业及服装。团队协作，为 2024 年奥运会中国运动员设计参赛服。			
实践意图	**教师组织**	**学生活动**	**学业要求**
初步理解"自信自强，守正创新，踔厉奋发，勇毅前行"的中国精神。畅想 2035 年未来职业及服装的形态。 展开想象创新设计奥运健儿参赛服。 在团队协作中，培养学生创新思维、实践能力、培养跨学科学习能力。	6. 教师播放中英双语视频，引导学生理解感知祖国各行各业劳动者彰显的奋斗精神。	6. 学生观看祖国发展成果视频，理解感知"自信自强，守正创新，踔厉奋发，勇毅前行"的中国精神。结合双语理解： 预设 1： confidence 预设 2： innovation 预设 3： enttepreneurship 预设 4： bravery	学生观看视频，领会渗透的中国精神，开展想象进行创新设计。
	7. 教师引导学生"点击"神奇历史卷轴，"穿越"至 2035 年为那时的职业设计职业装，并用核心语言帮人物匹配职业及服装。 提出设想问题： Look！ He is a driver. Can you design his uniform? Here are some tips in the magic box. Open it and find them. Stick them on the uniform to make it new. "Is this his T-shirt? Can you ask him?	7. 学生再次"翻开"神奇的历史卷轴，"时空穿越"至 2035 年。课件中出示不同职业单词及人物轮廓。学生展开想象，点百宝箱，找到传统吉祥图案添加到职业人物身上，为其换装，并练习用核心语言帮助人物匹配服装。 预设 1： He is a driver. His T-shirt is orange. Because we can see the orange things quickly, it's safe. Look here. It's a car shape. It means he can drive. Hello! Is this your T-shirt? Hope you like it.	
	8. 教师出示 2024 年奥运会会标，并请学生分组合作为即将出征的中国奥运健儿设计运动服。	8. 学生观察 2024 年奥运会会标，团队协作，创新设计中国队服饰。包括：shirt, skirt, vest, coat, shoes, 每组设计一种。以设计手稿绘画形式及文字说明呈现设计图。	

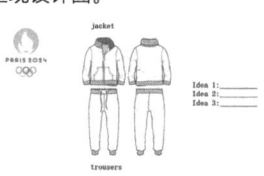

学习目标 11 能够展示设计成果并运用所学语言分享设计心得。			
实践意图	**教师组织**	**学生活动**	**学业要求**
团队展示设计成果。运用所学语言分享设计心得。培养学生综合语言运用能力，增强发现问题、分析问题、解决问题的能力。	9. 教师引导学生依次分组展示自己的设计成果图。 10. 教师引导学生从多个角度描述所涉及的服装并尝试表达设计心得。 语言提示： This is a shirt. We can see... It's red. Red means luck. They can...	9. 学生以图片形式展示本组设计成果。 10. 学生用所学语言表达设计心得。 预设 1： This is a shirt. We can see ... It's red. Red means luck. They can....	学生能够综合运用语言知识有条理地介绍所设计的运动装的外形，尝试表达设计心得。

137

后 记

  2019年8月，当我手捧局领导颁发的"光荣从事教育事业三十年"纪念证书之时，百感交集。从1988年带着满腔热血踏上三尺讲台，在春夏秋冬的悄然轮回中，不知不觉已教书育人三十余载。驻足回望，不禁感慨：时光匆匆，太匆匆。秉持来路初心，做一名优秀的英语教师。一路坚守信念，一路进修学习，坚实走好教育教学的改革创新之路。

  超越自我的路，每一步都很艰难，但我坚信：路虽远行则将至，事虽难作则必成。伴随一轮轮课改，凭借一股韧劲，哪怕在管理岗位也始终坚守在教育教学第一线，身先士卒，带领徒弟及身边教师们积极践行新课标理念，让英语课堂教学永葆青春活力。为了让自己不断进步，我在积极投身课改的过程中主动承担不同主题的科研课题研究，不断积累教育教学经验，同时请教不同领域的专家、前辈，让实践经验不断升华，认真撰写教育教学论文、案例等。

  本书是我从教三十余年不同时期撰写的论文、案例、随笔，包括援汕期间撰写的相关文章的合集，既是不同时期相关教育教学及管理领域的研究成果，也是在课程改革中勇立潮头、知行合一、躬耕课堂的实践缩影。

  感谢帮助及鼓励我出版本书的天津市滨海新区教体局领导、中新天津生态城教体局领导、天津师范大学康万栋教授、天津市教育科学研究院课程教学研究中心小学英语学科教研员张宏丽老师等领导、专家们。

  最后，由于时间和水平有限，书中尚存若干缺陷，恳请各位专家、读者批评指正，不吝赐教。

2023年12月20日